新しいアジアの予感

琉球から世界へ

安里英子

藤原書店

序

ヤポネシアの中ほどにある琉球の島々から、大陸に向かって両手を拡げると、右手がアイヌモシリの大地に届き、左手は台湾に届く。中国大陸や朝鮮半島は、すぐそこだ。身体の向きを南にずらすとフィリピンやサイパンやベラウなど、沖縄の多くの人々が移民として渡った太平洋の島々が輪になってつながってくる。そんな視界のよい島に私は住んでいるのだと実感する。古来、それらの地域や島々は鎖状につながり、共通する文化も基底にはある。

だが、近代の歴史は植民地主義による領土の拡張で、日本でいえば、アイヌモシリの大地が北海道に改名され、日本の領土となり、琉球も王国を失い、台湾、朝鮮も日本の植民地となった。

私は戦後三年のうまれである。収容所から解放された人々、あるいは疎開先から戻った人々は、はじめ焦土の中で米軍払い下げのテント小屋を建て家族が身を寄せ合った。しばらくして後、茅葺の家の中で私は生まれた。

私は、戦争の体験はしていない。物心ついてさまざまな体験を聞いてきたが、しかし、闇に閉ざされた事実があることを知ったのは、つい、最近のことである。

第二次大戦時、沖縄に日本の植民地にされた人々、すなわち台湾、中国、朝鮮などから多くの若者男女が強制的に連れてこられた。これが今日、日本軍「慰安婦」、「軍夫」問題といわれているものである。沖縄戦では、これら旧植民地の人々が犠牲となり、未だ地中に埋もれたままである。しかも、犠牲者の正確な数もわかっておらず、日本政府は調査どころか、その責任をとっていない。


十数年前から、私は沖縄に朝鮮半島の犠牲者を追悼するために「碑」建立のための活動をし、今年は建立して一二年になる。毎年六月に行う追悼会には、読経をあげ、あるいはゴスペルを歌い、コンサートなどを行う。


二〇一七年から一八年にかけて韓国市民による「ローソク」革命は、新しいリーダーを産み出し、見事な外交力で東アジアに大きな明かりをともした。まちわびた朝鮮戦争の終結と、南北統一も約束された。

そのことは、長く閉塞状態だった東アジアに大きな希望の光を灯した。これで沖縄の米軍基地は解放されるのではないか。そう簡単なことではないことは知っている。でも、そう願いたい。

真の朝鮮戦争の終結は、日本自身による植民地支配への反省と責任遂行によって完結される、そう思っている。

ほぼ一〇年ぶりに本を上梓する。二章の「アイヌ民族・台湾原住民文学・朝鮮詩集」は、季刊詩誌『あすら』に、発表したものである。『あすら』とは琉球の古謡「おもろそうし」に謡われる言葉で、常しえにという意味がこめられている。長く、琉球の聖地を巡り、その深層にふれていると、アイヌのユーカラや、台湾原住民文学、朝鮮の童謡に共通して流れている何かを感じる。自然とのかかわりの深さ、その神話性に共通のものを感じるが、同時にそれらが、他に奪われ、失われていった過酷な歴史から、自らに取り戻した文化であるところに、私は心惹かれたのかも知れない。

二〇一八年が暮れようとしている今、沖縄の状況は厳しいものがある。日本政府は、沖縄民衆の声を圧殺し、米軍基地建設を進めようとしている。埋め立てられようとしている辺野古の入江・大浦湾は様々なサンゴ群落の森が色鮮やかに揺れ、ジュゴンが回遊し、ムラ人の生存の場である。一方では、先島防衛と称して、宮古島や石垣島への自衛隊基地建設がはじまり、緑豊かな山裾や、農地に杭を打っている。台湾に最も近い与那国島はすでに既成のものとなった。季節の折々に祭祀でいろどられる島々に、あるいは、暮らしや祈りをすべて歌で表現する歌の島に、なぜ軍事基地が必要なのか。

人々の闘いとは、その豊饒なるものを失う哀しみであり、守るための闘いである。だから、海辺にしがみつき、座り続け、抵抗のカヌーを漕ぎ続けて二〇年余もあきらめずにいるのだ。その間幾人も犠牲になり野仏になった。

「新しいアジアへの予感」とは、そのような人びとの願望であり、また、そのような人びとの生み出す社会でもある。今、確実にアジアは変わろうとしている。東アジアから大きな胎動がはじまっているのだ。

二〇一八年十二月

安里英子

新しいアジアの予感　目次

I 琉球から世界へ

II　琉球文化からみたアイヌ民族・台湾原住民文学・朝鮮詩集

＊

III 琉球の女性原型

IV　アジアの原風景

エピローグ

装丁　作間順子
装画　ローゼル川田
本文写真　比嘉康雄

新しいアジアの予感

琉球から世界へ

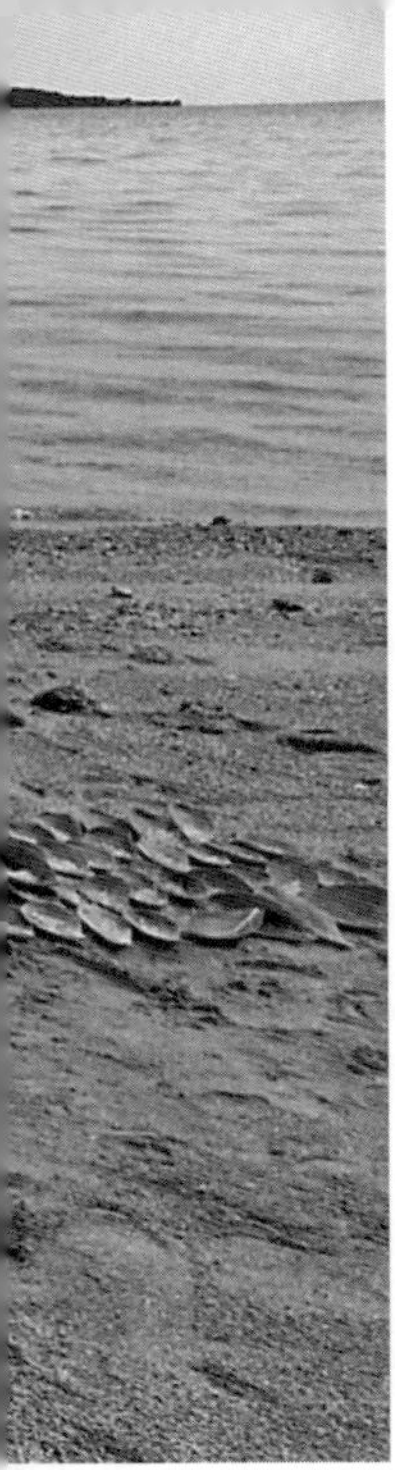

竜宮ニガイ　宮古島狩俣、1975 年
（撮影・比嘉康雄）

I　琉球から世界へ

年の瀬は、貧者にとってつらいものがある。政治もひどい。政府は、高江のヘリパッド工事を終了したとみせかけ、翁長雄志知事の「埋め立て承認取り消し処分の取り消し」によって辺野古の工事を再開した。

石垣市長は陸上自衛隊配備の受け入れを表明。政府による琉球諸島のオール基地化は進む。

目を世界に転じると、多くの難民がヨーロッパにおしよせ、混乱をまねいている。また、社会福祉制度の整ったイギリスにポーランドなどのヨーロッパ圏からの移住者も多く、労働者階級の暮らしを圧迫しはじめた。これがイギリスのEU離脱の要因にもなっていると聞く。

EU諸国は、国家を超える社会のあり方、民族間の共生のあり方を模索し、指し示すかのように見えたが、「逆にナショナリズムをあおる力を生みだした」（伊東光晴『世界』二〇一七年、一月号）。

民族を超えた共同体を——国家からの解放

さて、沖縄が基地問題をめぐって日本と対峙《たいじ》するとき、自らの中に湧き起こってくるナショナリズムについて考えてみたいと思う。

今、沖縄内部では新しい世代による自立・独立論も盛んになった。この問題は琉球・沖縄が数世紀にわたって、抱えてきた問題である。

ここでは、主に、今日における沖縄人のアイデンティティ・クライシス（主体の動揺・破壊）の問題とその再生（構築）について考えたい。その上で、これからのあるべき社会への私見を述べたい。

いったい、沖縄人とは何者か。私たちは常にその命題を背負ってきたように思う。その命題は、他から侵略されてきた歴史的負の遺産にはちがいない。

だが、ここで私が強調しておきたいのは、「沖縄人とは何か」という場合、沖縄の中でも一様ではないということだ。琉球は、十三世紀に奄美諸島を、十四世紀には宮古・八重山諸島を侵略・統合した。

昨年十一月に、宮古・石垣島の女性たちと、自衛隊問題で交流する機会があったが、「先島」の問題は「沖縄・那覇」では無視され、新聞でも小さくしか取りあげられない、という不満をもらしていた。彼らは那覇に対しては疎外感をもっている。沖縄の内部においても、アイデンティティは、ひとかたまりでないということを、確認しておきたい。

かつて、谷川健一氏が「私は宮古は沖縄の中で独立したらどうかと思っている。八重山に対してもそうである。私は琉球弧は一括して考えるのではなく、ばらばらにしたほうがよいのではないかという考えをもっている」（『新沖縄文学』特集「続・反復帰論」一九七一年、一九号）と提言している。

高江闘争で起きた、日本の権力による「土人」発言は、まさに明治政府による天皇の下の臣民、すなわち日本の単一民族論の延長線上にある時代錯誤的な意識が表出したものと思われる。「人類館事件」を持ち出すまでもないだろう。植民地として得た領土民（北海道、朝鮮、台湾を含めて）は、皆、土人である。アイヌの人々には「北海道旧土人保護法」（一八九九年制定）なるものが一九九七年まで適応されていた。いまや、日本の単一民族説はとうに崩れている。国会の衆参両院では「アイヌ民族を先住民族とすることを政府に求める決議」を二〇〇八年に採択した。

植民地として、主体を奪われた民による独立・解放運動は当然のことである。台湾、朝鮮は第二次大戦後、戦勝国側の首脳会談によって、日本の支配から解放された。沖縄は戦勝国であるアメリカによって、解放からとり残され、アメリカの軍事支配下にはいった。戦後の沖縄民衆はアメリカと日本の二重支配の中で、「独立」よりも「帰属」する道、すなわち「日本復帰」への道を選んだ。しかし、その後、独立論・自立論が盛んに論じられようになったのは皮肉なことである。戦後における独立・自治運動の系譜をここで詳細に述べることはできないが、沖縄人の意識の底流に常に流れていたものである。

私は、広い意味での独立論者である。しかし、どのような社会をめざすのかということは、非常に重要なことであり、私はその点において他とは異なる見解をもっている。すなわち、沖縄が民族国家をめざすことについては、私は賛同できない。国家とは何か。国家はこれまで何をしてきたか。

私はこれまで、地域（シマ共同体）についてこだわってきた。とりわけ自然神や祖霊神を祀《まつ》る御《ウ》嶽《タキ》を中心とする、精神世界にのめりこんできた。琉球の島々の精神世界こそ、世界に誇るものだと考えてきた一人であり、強烈な沖縄ナショナリストであった。しかし、あるときに気づいたことがある。沖縄にあることは世界にもある、ということである。

宗教史的にみれば、三大宗教といわれる、仏教、キリスト教、イスラム教などが世界を侵略する以前は、それぞれの地域にはその土地の神々が存在していた。基層、深層の世界に戻れば、人類なんてそう違いはない。つまり民族や血の問題にこだわる必要がないということである。沖縄のシマ共同体も血縁による共同体である。しかし、いまやそれは崩壊しつつある。新しい共同体のあり方を模索しなければならない。

島々の連合体で成っている琉球は、例えば、台湾と、中国福建、韓国、朝鮮などと、鎖状に自治社会を築いていくことはできないだろうか。国家を無化して地域間の自治を構築することは可能であろうか。そんなことを考えている。

（二〇一七年十二月記）

シマ連合社会における自治の可能性
――沖縄にこだわり、沖縄を超える――

はじめに

二〇〇一年にイスラエル・パレスチナを訪問した。イスラエル軍によるジェニンへの爆撃が起きた直後で、多くのパレスチナ人が大量虐殺された。着いてすぐにラマーラのパレスチナ自治政府にアラファト議長を表敬訪問すると、議長は表に出てきて私たちに笑顔を見せてくれた。だが、次の日の新聞を見て驚いた。議長府がイスラエルによって爆撃されたのである。幸い、アラファト議長は、無事だった。その後、トウルカレムという難民キャンプに行ったが、そこでも人々は常に命の危険にさらされていた。破壊された小学校や大学。娘が自爆したという理由で爆撃されたアパート。集会所には戦車にひき殺された子どもの写真が多くの犠牲者とともに壁に掲げられていた。

当時、国連が難民として認定したパレスチナ難民は、六〇〇万人。トゥルカレムは難民キャンプと呼ばれているが、人々がテントで暮らしているわけではない。数十年前に故郷を追われた人々がすでに、町を形成している。迷路のような道路や家の構造はイスラエルの兵士から身を守るためである。

さて、今、ヨーロッパ諸国では、難民の受け入れ問題が、大きな課題になっている。

シリアから、多くの難民がハンガリー経由でドイツに向かっている。ドイツはすでに多くの難民を受け入れ、一兆円の予算を計上している。難民には住まいを提供し、生活費を支給、職業訓練なども行うという、手厚い支援を行っている。これは死に怯えている人々に門戸を閉ざすことはできないという「難民を保護する基本法」によるもので、ワイツゼッカー大統領以来の政策とも言われている。一方、ハンガリーやポーランドなどは、移民の受け入れを拒否している。

私がここで考えたいのは、被害と加害の問題である。イスラエルの建国によって土地や家屋を奪われ、人権を蹂躙されているパレスチナ人。イスラエルの建国は迫害されたユダヤ人の入植によっている。第二次大戦にナチスによって大量虐殺されたユダヤ人が、今度は加害者に転じている。ポーランドやハンガリーも、ロシアやドイツなどの大国に占領され迫害された歴史的経験をもつ人々である。そのポーランドやハンガリーが、難民に対しては、冷淡な態度をとっている。ドイツは、第二次大戦のユダヤ人虐殺への、「反省と責任」問題を徹底することで、自らの加害性の償いとして、難民を受け入れている。

ここで、問題なのは「被害」が「加害」を生むという憎しみの連鎖である。今、国際社会は、第二次大戦前の植民地主義や帝国主義の反省と清算を完全にはしていない。今も続く、アラブ諸国への大国の介入。その結果としての難民問題。そして、朝鮮半島の分断と朝鮮戦争の継続、これは日本の植民地主義の責任でもある。

ひるがえって、沖縄の現在を考えると、決して、これらの問題とは無関係ではない、と考える。とりわけ、沖縄の基地問題を考えるとき、「県外移設」論にもとづく本土側で起こっている「基地を本土で引き取る」運動に対して（これは沖縄側の呼びかけに対して応答した運動であるが）、私は、ある危機感を覚えている。敗戦国日本と占領軍であるアメリカの狭間で未だに犠牲を強いられている沖縄。戦後、七〇年以上も闘い続けてきた沖縄の民。民衆の闘いは常に日米の双方の権力者に向けられてきた。だが、基地の「県外移設」論は、これまでの闘いの原則を大きく揺るがしている。沖縄の一部の住民とヤマト（本土）の一部の住民同士が軍事基地を引き取れ、引き取りましょうという運動を始めたからである。

ダグラス・ラミスは「県外移設」論は、あくまでも安保を容認している日本人へのショック療法だといっている。つまり手段としての運動のはずだった。しかし、いまや安保を否定していたはずの知識人が、基地を受け入れる運動を始めるという混乱した事態が発生している。基地を引き取りましょう、という人々はこれまで安保に反対する人々で、基地を引き取ることと、反安保の論理とは矛盾がないという。たしかに「県外移設」をいう人々と、それを言わない人も、沖縄から基地を撤退させるという点では一致している。では、基地を本土に移設した後、いすわった基地はどうなるのか。米兵たちは常にローテーションでまわっている。彼らはまた沖縄にやってくる可能性がある。そのように考えると「移設」論は、運動としてほんとうに有効だろうかという疑問をもつ。知らしめる、あるいは広げる「手段・方法」は一つではないはずである。

沖縄の主体の確立と模索

今、沖縄の人々は、日本政府から酷い差別を受けていると感じている。この差別の構造は根が深く、一六〇六年の薩摩による侵略に遡ることになる。差別とは支配と被支配の関係から生れるものであり、自決権とは、その支配と差別に抵抗し、主体性を確立することにある。

ここで、問題なのは、私たち沖縄人がどのような将来展望をもって、主体を確立するかである。戦後、「復帰」後にも、多くの、そして様々な自立・独立論、運動が展開されてきた。ここでは、その一つ一つを検証することはできないが、共通して言えることは、反ヤマト（反日）であることだ。しかし、これまでの独立論が大衆的な支持をえられなかったのは、例えば、喜友名嗣正の主宰する「琉球革命同志会」は沖縄の台湾帰属をめざしており、台湾国民党の援助をうけていて必ずしも、沖縄人による内発的運動ではなかったためではないか。同時に反共、親米ということもある。

一方で、自治・自立論は復帰後、自治体、市民、労働組合などが様々な形で提起した。名護市が七三年に打ち出した「逆格差論」。今帰仁《なきじん》村のムラづくり構想。一見、この提起は非政治的のようだが、実はヤマト的な価値観への抵抗運動でもあった。私はこの時期、二つの自治体の企画室などを頻繁に訪れ、取材の傍ら、熱い議論に加わった。とりわけ逆格差論は、市民運動に大きな影響を及ぼした。たとえば、ＣＴＳ阻止闘争の闘いのありようの中でも。しかし、この理念が、名護市で決定的に頓挫してしまったのは、「新基地建設」問題によってである。地域共同体の可能性を信じ、「自力建設」という言葉を生み出したにもかかわらず。とはいえ、当時自ら紡いだ思想を、地域で実践している人々がいることは、念のため言っておきたい。

私自身も、忘れもしない一九九五年十二月二十四日、新川明、新崎盛暉などの大先輩を口説き、「沖縄自立を求める市民フォーラム」（同実行委員会）を立ち上げたことがある。呼びかけ人には、作家の船越義彰（故人）や屋嘉比収（故人）、新川明、新崎盛暉（故人）、宮城弘岩、高良勉、墨絵画家の金城美智子らがいる。それは、少女暴行事件の直後のことで、暮れのおしせまった日、思いつめた気持ちで緊急に行ったシンポジュウムであった。多くの人が集まり「沖縄はいかにあるべきか」について議論しあった。シンポジュウムの内容は、記録に残して、私の手元にあるが、なぜか印刷物として出すことができなかった。そのために、議論をその後も持続することができなかった。そのことをもって新崎盛暉は「居酒屋論議」の独立論と呼んだ。一般には、誤解されているが、そのときには、「やるからには、死ぬ気でちゃんとやれ」と、叱咤されたのだと私は理解している。

少し、長くなるが当時のフォーラムの開催趣意書をここに、掲載したい。九五年という節目の自立運動のひとつとして、ここに記録として残しておきたい。

「沖縄と沖縄人は、日本国とその政府によって、くり返し、人間としての尊厳と権利を踏みにじられました。一八七九（明治十二）年の武力による琉球国の併合（琉球処分）をはじめ、去る太平洋戦争における捨石作戦―サンフランシスコ条約による切り捨て、安保体制下における防波堤としての最前線基地の固定化というように、沖縄と沖縄人は、日本国にとって自国の保身と繁栄のためにのみあることをこの百十六年の歴史は示しています。そしてこのたび、軍事基地の強制使用をめぐる大田昌秀知事の『代理署名拒否』という、沖縄と沖縄人が人間として生きていくうえで、極めて当然といえる歴史的な決断に対して、日本国総理大臣は、知事を被告として提訴し、終局的にはみずから代理署名をして沖縄の軍事基地を引き続き固定化、永続化する方針を明らかにしました。まさに日本国は『国家意志』として沖縄と沖縄人を今後とも永続的に自国の保身と繁栄のための捨石とし、踏み台にすることを、ここにあらためて明確にしたわけです。(中略)

かつて私たちの相先は、平和的手法でアジア諸国・諸地域と友好な絆を築きあげるという誇るべき独自の歴史をつくってきました。沖縄の地理的条件、沖縄人の特性や生き方の知恵がこれを可能にしてきました。ボーダレス時代といわれる現代にあって、その条件と可能性はかわりなく、私たちは経済の自立をはじめとする沖縄と沖縄人の全的な自立を求める議論を深め、将来構想を具体的に歴史的な局面に、いま立たされていると考えます。

私たちは沖縄と沖縄人の自立(自己回復・人間回復)へ向けた各分野における息の長い多様な取り組みを無党派市民の立場でつくり出していくことにしました。以上の問題意識にたって別紙の通り『市民フォーラム』を開催し、拡がりのある議論をまきおこしたいと思います。」

このように沖縄では、いつでも、いたるところで、自立・独立論が議論されてきた。

以下は、私自身の活動を振り返る形で、私なりの自治論を展開したいと思う。私が今、あえて独立という言葉を使わないのは、独立という概念が曖昧であり、沖縄あるいは琉球の単一民族国家論におちいることを好まないからだ。

「地域の目」からの発想

一九七七年、「復帰」して五年目に、私は『地域の目』というミニコミ誌を、一人で出した。A4サイズの三〇頁余。手作りの贅沢な紙面である。発刊のことばとして、次のように記している。

「この頃やっと沖縄らしくなった、などという声をよく耳にします。たしかに地域をまわってみると、なにやらざわめきが聞こえてくるようです。安易な本土志向型であった復帰への反省と、沖縄が経済的にも、文化的にもどう自立していくかについての自らの問いかけが、今いろいろな形で行われています。」

私が着目したのは、村落＝ムラ＝シマの自治である。ムラでは、字公民館あるいは自治公民館、あるいはムラヤなどとも呼ばれているが、そこで人々は、ムラの大事なことを決めていく。終戦後、人々が収容所から解放され最初に手がけたのは各自の住む家と同時にムラヤ（字公民館）の建設であった。ムラごと米軍に奪われた地域は、割り当てられた他の場所に肩を寄せ合って、ムラヤを建設した。どこからの援助もない。すべて地域住民の自力・相互扶助によるものである。沖縄の村落は、琉球処分後、日本に編入されてからも、「旧慣温存法」によって、土地の総有制など、多くの慣習が明治の後半まで維持されていた。そのため、ムラにおける相互扶助（ユイ）の精神は強固に存在していた。戦後のムラにおける、相互扶助の精神はその土台の上に、新しく形成されたものといってよい。

また、都市をのぞく島々では、祭祀を中心に共同体意識が強固にはぐくまれてきた。今日、過疎化によりその変容を余儀なくされているが、島々、あるいはムラムラ、シマジマでは独自の自治共同体を構築している。例えば、国頭村奥ムラのように共同売店を中心に独自の自治を展開している。共同売店とはムラ人の全戸が出資してつくる一種の共（協）同組合である。共同売店の利潤で、様々な事業をやり、奨学金をも出す。まさに自律的社会である。

久高島では、八七年に島民の創意によって「久高島土地憲章」を策定し、これまでの伝統的に維持されてきた土地の総有制を明文化した。したがって久高島では今日でも土地の私有化は認められていない（拙著『共同体の夢』参照）。資本主義社会では人の生存のための土地が、投資のための道具にされ、荒廃し続け、共同体を破壊している。

シマ連合社会は可能か

さて、シマ連合社会（共和社会）は可能であろうか。シマ社会は暮らしのレベルでシマとシマが鎖状につながっていく。それは国家を超えていくものである。たとえば、与那国島は那覇や東京とつながるよりも、台湾の一地域とつながった方がはるかに便利である。那覇は韓国、九州、上海などとかなり近い。自在につながるとよい。最近は、沖縄と韓国の市民交流が盛んで、韓国・朝鮮語を話す沖縄人も増えてきた。不完全にしろ国境線をファジーにするヨーロッパ共同体は存在するわけだし、アジア平和共同体を視野にいれた沖縄の独自の自治社会の建設を模索すべきではないか。

沖縄の自治の確立を日本が妨害すれば、日本から分離・独立してもよいし、日本が変われば、自治州の可能性もあるかもしれない。日本の単一民族の神話は、とっくに崩れたのだから、これから日本は韓国・朝鮮系の日本人やアイヌ系＋ブラジル系日本人、台湾系、中国系という具合に多様な民族の連合社会に移行せざるを得ないだろう。

国家を超える暮らしの連合——アジア平和共同体の実現

伊藤野枝の晩年の作品に「無政府の事実」というのがある。ページ数にしてわずか五枚程度のものだ。それには、野枝の故郷でもある福岡の小さなムラ今宿の自治が描かれている。野枝は言う。「所謂、〝文化〟の恩恵を十分に受ける事の出来ない地方に、私は、権力も、支配もない、命令もない、ただ人々の必要とする相互扶助の精神と真の自由合意による社会生活を見た」と。

私も、琉球の島々の聖地を訪ね歩き、ムラ(あるいは沖縄でいうシマ)の暮らしと自治に学んだ。島々の信仰は祖霊信仰や自然信仰が中心で、主に女性たちが祭りを担う点で、本土と大きく違うが、ムラの自治力には共通するものがある。

私はいわゆる「共同体論」は好きではない。観念的な議論が多いからだ。その点、伊藤野枝は、具体的なムラ人たちの暮らしを素直に描き出した。それなのになぜ、それが「革命的」に感じられるのか。野枝は、『相互扶助論』の著者であるロシアの無政府主義者、クロポトキンの影響を受けている。「無政府の事実」で、野枝が言いたいことは、「無政府共産主義」の理想がただの空想ではなく、ムラの小さな自治にこそ実況がある、ということである。

さて、アジアは、何千と散らばる島社会と巨大な大陸で成っている。俯瞰すれば、そこに有象無象の国家がひしめいている。その国と国が、今ではエゴ剥き出しで反目しあっているが、その中心にいるのが日本である。日本はまだ、植民地主義の意識から脱していない。では、国家の枠をとっぱらってみると、どうだろうか。そこに見えるのは暮らしの場である、ムラあるいは町の共同体である。

ムラ、あるいはシマ。この最小単位の人々の暮らしは、アジアのみならず世界共通のものがある。それが鎖状につながることが大事なことだ。それこそシマ（ムラ）共同体連合。

ヨーロッパ共同体のさらなる進化、そしてアジア共同体の実現。その夢の実現の鍵を日本は握っている。

朝鮮人「軍夫」の戦後七〇年
――アジアの視点で沖縄の主体と自治を考える――

はじめに

琉球・沖縄の歴史はとりわけ十七世紀以降、日本や中国のはざまで、政治的な抑圧を受け続けてきた。具体的には薩摩や明治政府の侵略や植民地政策によって、琉球・沖縄の主体性は奪われた。

私は、十数年前から朝鮮人「軍夫」の問題に関わるようになったが、それを通してアジアにおける日本の植民地政策について深く考えるようになった。あたかも二〇一〇年は、日本が一九一〇年に韓国・朝鮮を強制的に併合するという日韓強制併合から百年目の年で、日本、韓国の双方で市民レベルによるシンポジウムが多く開催された。沖縄でも私が代表をつとめる「沖縄恨之碑の会」の主催で「日本による韓国強制併合を考えるシンポジウム」を開催した。同問題は「薩摩侵略四百年」や「琉球処分一三〇年」の節目に沖縄の市民が取り組んだ活動量や問題意識に比べると、それほど大きな話題にはならなかった。たしかに、島津藩による琉球侵略や、明治政府による琉球処分は、私たち沖縄人に直接かかわることなので関心の度合いが違ってくるのは仕方のないことなのかもしれない。

だが、時代を少し遡れば、薩摩の琉球侵略の口実は、豊臣秀吉の朝鮮出兵の問題と大きく関わっていた。島津は、琉球の支配権を得るために秀吉の命令を口実とした。秀吉の命令とは琉球に対して「七千人分の十カ月の兵糧米と、名護屋城建築の負担金を供出するように」という内容である。それについて琉球は半分だけ送る約束をし、あとの半分は島津氏から借りて納めたがその返済をしなかった。島津の琉球侵略の口実とはまさにそのことであった。

このように、琉球が東アジアの中で孤立して王国が存在していたわけではない。後の明治政府が、台湾・琉球間の問題を理由に清国と争い、琉球を日本の領土に組み込んだのと同様に、良くも悪くもそれらの国々との関係抜きにして、沖縄の歴史や未来を語ることはできない。

とりわけ、沖縄戦を語るとき、日本が当時の植民地で何をしたかを知る必要がある。一九一〇年八月二十九日、日本は韓国と「併合条約」を結ぶ。それによって韓国は日本の植民地となるが、韓国ではその日を「庚戌国恥日」と呼んでいる。

日本は、植民地朝鮮で何をしたか。日本はまず朝鮮総督府を置き、日本陸軍を駐屯させる。そして、日本人を移住させあらゆる産業の主導権を握った。そして、近代的土地所有制度を確立する名目で「土地調査令」を宣布し、地価に基づいて税金を納付する制度をつくった。この過程で膨大な土地が日本人の所有となった。

朝鮮から強制連行された日本軍「慰安婦」と「軍夫」

第二次大戦時日本帝国は、植民地である台湾、中国、朝鮮から多くの若者を戦場に送り込んだ。とりわけ朝鮮半島から多くの若者が沖縄に強制連行された。女性は日本軍の性奴隷すなわち「慰安婦」として、男性は軍人・軍属（軍夫）として、船舶からの荷役作業や壕掘り、飛行場建設等に従事させられていた。ここでは、主に「軍夫」について述べる。

朝鮮から連行された若者は主に、朝鮮半島の南部、慶尚北道の貧しい農村の出である。その正確な人数はいまだに解っていないが、一万とも二万ともいわれてきた。この数字はあまりにも曖昧な数字である。そのように言わざるを得ないのは、日本政府が資料を公開しないためだ。現在、韓国の真相究明委員会を通して知りえた人数は約四千人。これは、全体の一部である。また、「平和の礎」に刻銘されている総数二四万一三三六人（二〇一五年六月現在）のうち、朝鮮人は四四七人のみである（二〇一八年には四六二人となった）。

日本は、一九一〇年に朝鮮を強制的に併合し植民地にして以来、一九四五年の解放までの三六年間に数百万人の人々を強制労働者として日本に連行したといわれ、炭鉱や造船所などで酷使した。長崎の軍艦島など「明治産業革命遺産」のユネスコの世界遺産登録で、韓国が問題視したのは、朝鮮人労働者が強制労働を強いられた事実があるからだ。

阿嘉島に軍夫として連行

姜仁昌《カンインチャン》は、一九一八年、韓国慶尚北道英陽《ヨンヤン》の農家に生れた。家は貧しくドングリを主食としていた。二十三歳で結婚したが、二十六歳の時沖縄に連行された。一九四四年五月、大麦の刈り入れをしているときに英陽警察に連行された。翌日、郡庁前に一八〇人が集められ大邱《テグ》に移動した。大邱から釜山へ。そこから日本の下関へ。那覇には七月頃到着。慶尚北道からは三六〇〇人が沖縄に送られた。姜は特設水上勤務第一〇四中隊（約六三〇人）に所属。十月十日まで那覇で荷降作業をし、その後、与那原に移動。さらに一九四五年一月頃、阿嘉島に移動した。島では特攻艇を運搬する仕事を命じられた。

食料を盗んだり、島を脱出しようとしたなどの理由で一三人が銃殺された。姜はそのとき死体を埋める穴掘を命じられた。姜は四六年三月頃、沖縄の捕虜収容所で解放され、大阪を経て帰国することができた。

以上は、筆者が直接姜氏から聞いた話である。姜氏は二〇一二年二月五日に亡くなった。

韓国と沖縄に「恨《ハン》之碑」を建立

姜は、帰国後、郷里で遺族会を結成した。しかし遺骨も戻らない状態でどこにむかって供養したらよいのかという遺族の嘆きの声に、姜は追悼碑の建立を考えるようになった。その結果、一九九九年に彫刻家の金城実によるブロンズ像が韓国英陽に、二〇〇六年に沖縄の読谷《よみたん》村の二箇所に建立された。詳細な経過は割愛するが、はじめに大阪の市民グループが。沖縄では平良修をはじめ、私も共同代表の一人として活動することになった「恨之碑建立を進める会沖縄」が結成され、建立の基金を全国に募った。沖縄の碑文には次の詩が刻まれている。

この島はなぜ寡黙になってしまったのか
なぜ語ろうとはしないのか
女たちの悲しみを

朝鮮半島の兄姉のことを

引き裂かれ連行された兄たち
灼熱の船底で息絶え
沖縄のこの地で手足をもぎ取られ
魂をふみにじられた兄たちよ

戦が終わり時が経っても
この島から軍靴の音が絶えることはない
奪われた土地、消えたムラ
女たちの悲鳴は続き
人々の心は乾いたままだ

兄たちよ
未だ供養されず石灰岩の裂け目に埋もれる骨骨骨
故郷の土饅頭に帰ることもかなわない

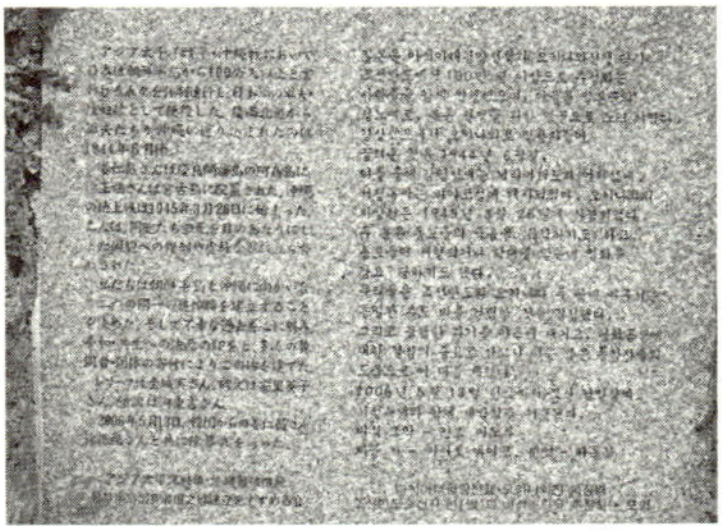

読谷村瀬名波の丘に建立された恨《ハン》の碑

兄たちよ

私たち沖縄人は
未だ軍靴に踏みにじられたままの
兄姉たちの魂に
深く頭を垂れる

日本軍の性奴隷として踏みにじられた姉たち
軍夫として犠牲になった兄たちに深く頭を垂れる
やがて固く結んだ鳳仙花の種が弾け
相互の海を越えて花咲くことを信じて
兄姉よあなたたちの辿った苦難を語り継ぎ
地球上から戦争と軍隊を根絶することを

この地に果てた兄姉の魂に

私たちは誓う

（安里英子　作）

上記の碑文を書くにあたって、私は戸惑い悩んだ。これまで、沖縄人としての被害を強く意識してきた私だったが、朝鮮の人々とどのようにして向き合えばよいのか。朝鮮も沖縄も同様に日本の植民地にされたとはいえ、沖縄に連行された「軍夫」や「慰安婦」に、沖縄人による差別はなかったのだろうか。「日本人」を拒否するあまり「加害意識」から逃げていないか等々。沖縄は、複数の国の被植民者が集められ、あいまみえ、被害と加害が幾重にも重なりあった場である（この問題については拙著『凌辱されたいのち』（御茶の水書房）所収「沖縄人のアイデンティティと戦後責任」を読んでいただきたい）。

二〇一五年六月十三日には、碑が建立されて九年目の追悼会が行われた。姜氏が八十四歳で亡くなられて三年目になる。これまで同会は、碑の管理、会報の発行、講演会の開催、特に大切にしていた追悼会の開催などを中心に活動してきた。しかし、直接的な体験者やその遺族が高齢化してきたことから、新たに「朝鮮人軍夫問題研究会」を立ち上げ、これまで出された軍夫に関する資料の収集と読み込み、聞き取り調査、沖縄戦時における軍夫の足取り調査などの活動を開始した。

しかし、政府は戦後七〇年経ても未だに、植民地政策の反省・謝罪をしようとはしていない。日本の戦後の政治の出発の誤りは、第一にそのことが問われなければならない。その過ちは現在の朝鮮半島の分断政策へとつながり、北東アジアの平和を不安定なものにしている。沖縄の米軍基地問題も、日本の植民地政策がそのまま継続されていることを意味している。

戦後沖縄はなぜ、日本から解放されなかったのか

敗戦後、日本の植民地であった朝鮮や中国の一部や台湾は解放されたが、なぜ沖縄は解放されなかったのか。この疑問を私はずっともち続けていたが、中国の思想家・汪暉（ワン・フイ）の著作『世界史のなかの中国・文革・琉球・チベット』（青土社、二〇一一年）を読んで、ある答えを得ることができた。汪は第二章「カイロ会議と琉球の冷戦時代における地位の確立」の中で、「カイロ宣言」（一九四三年十二月）についてふれ、次のように述べている。「現代琉球問題の核心は、米軍の占領と、そのためにもたらされた傷であるが、軍事占領問題は、区域全体の冷戦構造にも関わってくるものであるため、我々はこの構造が形成された政治的背景を理解する必要がある」。

汪のいう「構造が形成された政治的背景」について理解する資料として、アメリカのフーバー研究所にある蔣介石日記（一九一七年から五五年）を紹介している。汪が注目したのは、そのうちカ

イロ会議（一九四三年十一月二十二日から二十六日まで）に出席するためにメモした日記である。会議にはルーズベルト、チャーチル、蔣介石が出席している。

ちなみにカイロ宣言の正文の一部を同論文から引用する。

「三国の主旨は、日本が一九一四年第一次世界大戦開始の後に太平洋上にて奪取あるいは占領した一切の島嶼を剥奪することにあり、また日本が中国から盗みとった領土――例えば東北四省、台湾、澎湖諸島など――を中華民国に返還させることにある。その他日本が武力あるいは貪欲によって獲得した土地についてもまた、そこから日本の勢力を追い出すことになる。我が三大連合国は、朝鮮人民が受けてきた奴隷的待遇を理解しており、相当な時期に、朝鮮を自由で独立したものならしめることを決定した」。

カイロ宣言の中に琉球の名はない。だが、ある日の蔣介石の日記には「琉球問題」が言及されていた。ある日とは一九四三年十一月十五日のことである。しかし「十一月十七日になると蔣介石が自らの会談方案を再検討したとき、もはや琉球問題は中に入れられなかった。」とある。

汪は「蔣介石は当初より琉球の地位について、台湾や澎湖諸島、東北四省とは、異なるという境界設定を行っていた。ここでいう美国（アメリカ）の心を安んずるとは、明らかに、アメリカの動機に的を合わせて言ったものである。もしも蔣介石が、カイロ会議の際、そして戦争終結後、琉球の国際委託管理や非軍事化を終始堅持し、アメリカに軍事占領させていなかったら、琉球の運命はもしかしたら異なる部分があったかもしれない。

しかし、蔣介石は明らかにアメリカの力と意思に抵抗しそれを拒絶しようとはしなかった」と日記を分析している。

このように見てくると、アメリカは一九四三年段階で琉球の占領を決めていたことがわかる。以上が汪による、蔣介石日記に見る、カイロ宣言で沖縄の解放が成就されなかった理由である。

琉球の独立を支援した台湾国民党

沖縄の「日本への復帰」運動が高まると、蔣介石が率いる国民党は沖縄の独立運動を支援した。『沖縄独立の系譜』の著者・比嘉康文は、喜友名嗣正のことを次のように記している。「敗戦後、台湾で沖縄独立事務所を構え、琉球独立運動をしていた琉球革命同志会の会長喜友名嗣正が基隆に住んでいた。しかも、台湾政府は喜友名の活動を支援している」。

また、台湾に留学していた宮城弘岩氏も、国民党の下で沖縄の独立運動をした。これは、筆者が本人から直接聞いた話である。彼だけでなく、同じく台湾に留学していた上里賢一氏も国民党政府から沖縄独立運動への誘いがあったという。

国民党が琉球の独立を支援したのは、なぜなのか。蔣介石の日記は一九四三年の段階で、琉球の解放すなわち日本からの独立を瞬時考えたことを示しているが、結局のところアメリカの占領を支持した。同時に蔣介石は、「復帰」運動によって、琉球が再び日本の属国になることを良しとしなかった。

戦後、沖縄がなぜ日本から解放されなかったのか。アジアや世界の近現代史の中で琉球・沖縄の位置をよく見ていく必要があるだろう。大国に翻弄される沖縄ではなく、真に沖縄が主体として生きるすべを、私は探って行きたいと思う。これまで、八〇年代から私なりの自治論を「シマ論」として書いてきた。民族国家の形成ではなく、新しい「地域連合社会」の形成である。

沖縄の日本「復帰」とヨーロッパの沖縄学

はじめに

ウィーン大学日本学研究所主催による「復帰四〇年沖縄国際学会」が二〇一二年十一月一日から三日間ウィーン大学で開催された。沖縄からは琉球大学の我部政明（国際政治）、赤嶺政信（民俗学）、沖縄キリスト教学院の本浜秀彦（文学）、写真家の石川真生、私を含めて五人が参加した。他に日本からは多田治（社会学）、塩月亮子（文化人類学）等が参加し、ヨーロッパからはオーストリア、ポーランドやドイツの学者も参加した。

まず、沖縄の「復帰四〇年」という節目のシンポジウムに参加したからには、私自身の「復帰」

に対する考え方を述べておかなければならない。私は一九六七年に高校を卒業しているが、高校時代は「復帰運動」に熱中していた。いわゆる「復帰少女」である。そのころの高校生はあたりまえにデモに参加し、校内集会なども開いていた。

沖縄は日本に「復帰」することによって米軍による支配から「解放」されるはずであった。だが、七二年の「復帰」は実際には沖縄の民衆が要求した「軍事支配」からの解放には程遠く、基地は居すわったままの「復帰」となり、加えて「復帰」を契機に「自衛隊」までが乗り込んできた。しかも、米軍基地は日本の「思いやり予算」で運用されることになり、実際にはアメリカと日本の二重支配になってしまった、と私は考えている。

ヨーロッパの沖縄研究

今、ヨーロッパでは沖縄研究が盛んに行われているという。二〇〇六年にはヴェネツィア大学で第五回国際沖縄研究大会が開催された。それ以前には、第一回は復帰一〇年目（八二年）の節目に東京の法政大学で、二回目は復帰二〇年目（九二年）に那覇と東京で、三回目は九七年に那覇とシドニーで、四回目は二〇〇一年に那覇とボンで開催されている。さらに二〇一〇年には、新たにヨーゼフ・クライナーや住谷一彦の発案で、「国際琉球・沖縄研究学会」が設立された。

十五、六世紀の大交易時代に琉球は朝鮮、中国、タイやベトナム、そしてアラブ付近まで交易船を走らせていた。また、植民地時代を迎えたヨーロッパも、ポルトガルをはじめとして、フランス、イギリス、ドイツ、ロシアなどの諸国が次々と琉球にやってきた。琉球の航海記がヨーロッパでもよく読まれていたという。

だが、今、なぜ「ヨーロッパの沖縄研究」なのか。第一回目の国際研究大会の前年に「沖縄研究の課題」をテーマにした座談会がある。雑誌『法政』(一九八一年九月)で、出席者は、ヨーゼフ・クライナー、住谷一彦、中村哲、外間守善の四人。座談会の冒頭で「ヨーロッパの沖縄研究」について外間が次のようにきりだしている。

「最近、ヨーロッパ社会でジャパノロジー(日本学)が盛んになってきて、そのなかで沖縄文化についての研究もされてきていると聞くのですが」。これに対してクライナーは次のように答えている。

「ヨーロッパの沖縄研究は、日本研究ほどまとまり、体系化されているわけではありません。むしろ日本研究が少しずつ社会学的な方向に向かうにつれて、日本文化の中における沖縄文化の位置に興味がではじめたということです。現代日本の当面している問題、たとえば公害問題とか出稼ぎ問題などの社会問題をとりあげる人はそれが沖縄ではっきりつかめるように思って、西表島の出稼ぎ問題とか、鳩間島の廃村になりつつある社会を研究します」と。この、クライナーの回答は興味深い。

だが、文化人類学や民俗学における研究は古くから行われていた。昭和のはじめにはウィーン大学に民族学科が新設され、全世界から民族学研究のために若者が集まったという（ヨーゼフ・クライナー『世界の沖縄学』沖縄大学地域研究所叢書）。その中に岡正雄がいるが、岡は柳田国男の「木曜会」に伊波普猷、折口信夫、金田一京助と共に参加し、同会の世話役をつとめていた。岡は沖縄の民俗（族）にも通じていて、後にウィーン大学で学ぶクライナーは岡の影響で沖縄に行き、沖縄研究をすることになったという。六〇年代には住谷一彦とクライナーは波照間島など八重山の島々を共に調査することになるが、住谷はウィーン大学の先輩にあたる。そのことについては二人の共著になっている『南西諸島の神観念』（一九七七年）にくわしい。つまり、文化人類学や民族学においては、古くから沖縄研究が続いていたことになるが、クライナーがいうように、社会学的な側面が注目されてきたのは、近年ということになる。ウィーン大学において「復帰四〇年」というテーマの設定を可能にしたのは、さらに「沖縄」が社会問題から政治的課題まで、多面的に研究されつつある証であろう。

ウィーンに集う四カ国の沖縄研究者

今回行われた「復帰四〇年沖縄国際学会」は、ウィーン大学の単独の企画によるもので、そういう意味ではこじんまりとした、しかし、日本学科の学生たちが教室を埋め、議論に参加するという熱気あるものとなった。

シンポジウムの内容は、「七二年をふりかえって」「発展と変化」「言語」「文化人類学の立場から」「メディア」などの五つのセッションで、まずはじめに私が、復帰後の沖縄の現状（基地被害や環境破壊、女性と子どもの人権問題）などを報告した。地元の学生から「沖縄の独立の問題をどう思うか」という質問が出されたのに対して私は次のように答えた。

「私自身もひろい意味では独立論者であるが、しかし、今は、独立という言葉を安易に使わないようにしている。なぜならば、安易な独立論は非常に危険だからだ。今日、民族国家をつくることがどのような意味をもつのか深く考えなければならない。EUが国家を超えた共同体を構築しているように、アジアも共同体としての連合社会を築いていく必要がある。そのためには、まず日本自体がアメリカから独立し、アジア共同体のリーダーとなるべきである。国家は権力の巣窟であり、沖縄はそのような権力をつくるべきでなく、めざすは、共生自治社会である」と。他に沖縄からは我部政明が、日米地位協定のことや広い意味での政治課題など、民俗学の赤嶺政信は「祖霊信仰の発生」と題して報告したが、ここでは内容については割愛する。

跡見学園女子大学の塩見亮子は「表象としてのシャーマニズム」と題して報告した。その中で「沖縄のシャーマニズムが描かれた主な映画」や「主な文学作品」をとりあげた。塩見は、ユタ（沖縄の民間巫者）は今、沖縄の精神世界を表象するものとして再評価されているとし、その背景に次の三点をあげている。（一）村落共同体の崩壊により、村落祭祀を司る神人（カミンチュ）は減少しているが、私的な相談や占いなどを担うユタの勢いが増している。（二）精神医学・心理学分野から、カウンセラーとしてのユタの再評価が起こっている。（三）九〇年代以降沖縄が「癒し」の島であり、本土が失った祈りの心や自然との調和が、シャーマニズムを通して残っているという考え方が、ニューエイジ運動の影響などで普及した。

沖縄では、ユタの「需要」が高く、それを非科学的なものとして単純に切り捨てることはできないと、私は考えており、塩見の正面からそれと向き合う姿勢を大切にしたい。

ポーランドからは四人の研究者が参加した。そのうちのスタニスラフ・マイヤー准教授（クラコフのヤギロニア大学）は琉球大学で四年間、琉球の歴史を学んだ。ベアタ・ボホロディチ准教授は、沖縄の市民運動に関心をもち、私にいろいろと質問してきた。

またアダム・ミツキュビッチ大学日本研究学科に所属するアルフレド・F・マイエビッチ教授は、ロシアの言語学者ニコライ・ネフスキーの研究者であり、琉球弧の島々をすべて回ったという。同教授は琉球の絶滅の危機に瀕している言語について言及するとともに、「ニコライ・ネフスキーの宮古語研究が将来明るい展望をもたらすであろう」と述べ、ネフスキーに関する資料を映像で紹介した。ネフスキーはロシアの言語学者で大正期に宮古島で宮古言語や民謡、物語を聞き取った。帰国後、ソ連下で銃殺されたが、幸いに膨大な資料が残された。ネフスキーの死後一〇〇年以上を経過して『宮古のフォークロア』が、狩俣繁久琉球大学教授ほか沖縄の研究者を中心に翻訳され、刊行された。

同じくポーランドの若い研究者アレクサンドリア・ヤロスは、まだ整理されていないネフスキーの手書きの「宮古方言ノート」の活字化に挑んでいて「それは将来において言語学や言語形態論、音声学、民族学にとって重要な役割を果たすだろう」と語った。

冒頭でも紹介したヨーゼフ・クライナーはもとウィーン大学日本研究所の所長で、ボン大学の名誉教授であり、現在は法政大学の国際戦略機構特別教授である。彼は「戦後沖縄の文化人類学の展開」と題して話される予定であったが、報告ではもっと幅広く、日本民俗（族）学のパラダイムの展開・変化について話された。稲作文化だけでなく、焼き畑農業である粟の文化にも注目すべきであると語った（ちなみに八重山の島々、とりわけ新城《あらぐすく》島や波照間島には粟の農耕儀礼が残されており、それはそのまま台湾の原住民の粟文化とも通じている)。またクライナーは、「沖縄には日本の古層が残されている、という把え方を捨てて、沖縄には日本本土とは別個の文化層が存在している」と主張しており、私もそれに共感するものである。他者(ヨーロッパ)の視点が琉球・沖縄の文化をより深くひろがりをもつものとして位置づけられることに感慨をもった。

日本民俗研究のダイナミズム――『世界の中の柳田国男』を読む

民俗学の徒でもない私が、本書を評することに躊躇もあったが、しかし読み進めるうちに、柳田国男自身とその研究が、決して狭義の民俗学に納まるものではないこと、むしろそれを超える存在であることを確信した。

本書は、赤坂憲雄氏がロナルド・A・モース氏と共に案内人（編集人）となり、第一部から第三部まで一〇人の外国人研究者による著述が続き、終章を赤坂氏がまとめるという、諸外国の眼を通してみた画期的な柳田研究の書となっている。一般に、民俗学は非政治的なもの、として認識されている。しかし、最終章でスコット・シュネルが提起するように、日本民俗研究の可能性として、（1）ナショナル・アイデンティティの形成と維持、（2）アイヌや沖縄の人々の権利、（3）表象の政治学、（4）移民と越境、などの問題があげられている。

中央と地方、植民地と日本人

私は、生まれも育ちも沖縄なので、とりわけアイヌや沖縄の人々の権利の問題に敏感である。明治政府は蝦夷地（アイヌ・モシリ）や、琉球・沖縄の島々を日本国の属国にし、同化政策を強力におし進め、土地や独自の言語を奪い、日本人になることを強制した。奪われた人々の権利とは何か。それこそ柳田が求めてきた地域の文化そのものであり、生きかた（自治）である。日本は、とりわけ沖縄は移民を多く出した。したがって世界各地の移民先で、今でもウチナーグチ（沖縄語）を使い、三味線を奏でるという、複合的アイデンティティをもつ人々は多い。今日ナショナル・アイデンティティと言う場合、いまや世界的な視野で語らなければならない。

また、本書では述べられていないが、かつての植民地である朝鮮や台湾の問題がある。「在日」の問題などにおいては、すなわち差別する側としての日本人を、日本人自身がどう自覚するのかという非常に重い問題も残したままである。

以下に、柳田思想の核心的問題、すなわち沖縄と日本の関係、中央と地方、植民地と日本人の立場について述べたい。本書は難解であるにもかかわらず、読者を興奮させ引きつけるのは、民俗や文化を語りながら、古くて新しい課題であるマイノリティや周縁の問題が、各章を通して立体的に提起されているからである。

民俗知の力

柳田民俗学の基本になっているのは、民衆（常民）の暮らしや文化を対象にする、ということである。文字化された中央の歴史書から漏れ落ちた地方の民の暮らしや文化を、柳田は丁寧にすくいあげた。それは農民だけでなく、海の民、山の民におよび、それが基層に沈む日本の発見につながる。

赤坂憲雄氏は、三・一一の震災以後、今こそ柳田が必要となってきた、と次のように語っている。「東北学をはじめるときには、地方が切り捨てられて、どんどん萎縮していく時代のなかで、それでも、ここから新しい時代をデザインしていくはずだ、と思いたかったのです。僕はそのときの東北学の初志を、東日本大震災に遭遇して、改めて確認しました。東北学の第二ステージが、はじまったのだと思いました。それは柳田が、民俗学を創り、組織しようとした初志にも重なっています」（『図書新聞』二〇一三年五月十八日）。

また赤坂氏は本書の終章でも「柳田は依然として、かけがえのない豊穣なる知の宝箱なのである。たとえば、三・一一以後、地震や津波による途方もない災厄の跡に立ちすくみながら、わたしは幾度となく柳田の膨大なテクストの海をさまよった」としている。赤坂氏が語るように、三・一一のような大災害時に、柳田が拾い集めたかつての常民の智慧が蘇り、力となるのである。

国際連盟における柳田

トーマス・W・バークマンは、柳田の国際連盟での活動を紹介している。一九二二年に柳田は国際連盟委任統治委員に任命され、ジュネーブに滞在した。国際連盟事務局次長の地位にあった、新渡戸稲造の手引きによるものであるが、柳田の公務は委任統治制度（一九一九年制定）に関わることであった。植民地の委任統治権を国際連盟が有し、日本はカロリン諸島、マーシャル諸島、マリアナ諸島の受任国となった。柳田は一度もそこを訪ねることはなかったが、常設委任統治委員会で、柳田は次のような発言をしている。

1 土着の法のうち少なくとも進歩の妨げとならない部分はそのままにしておくべきである。

2 教育がもっぱら宣教師によって行われることの危険性。そのような教育は部族構成員と遊離した特権階級を生む。

3 同化ということを、受任国の正当な目標とすべきではない。

柳田のこのような常設委任統治委員会での発言はきわめて重要である。日本はすでに一八九五年に台湾を、一九一〇年に朝鮮を植民地としている。そこで行われたのは、土地の言葉を奪うという徹底した皇民化政策であった。そのような時代背景の中で、柳田の発言はきわめてラジカルな発言といわなければならない。

『海南小記』の自序で「ジュネーブの冬は寂しかった。」と冒頭で書き、沖縄に思いをはせ、同じ都の同じ丘に、自分以外に一人だけ沖縄という島を知っている人がいると、チェンバレン教授の名前をあげている。唐突ともおもえるこの自序が、ジュネーブでの柳田の立場や心情をよくあらわしているように思える。

柳田は「日琉同祖論」者か？

沖縄では柳田や、その影響を受けて沖縄学の礎を築いた伊波普猷が、ときとして「日琉同祖論」者であるとして、厳しく糾弾をされることがある。

そもそも「日琉同祖」論者が矢面にたたされるのは、それがすなわち「ヤマト」の同化政策におもねっているということに他ならないからである。薩摩の琉球侵略以後、琉球王府は常に薩摩の顔色を伺うことになる。薩摩だけでなく中国と薩摩の狭間で琉球の民は生きることになるが、とりわけ政治的影響力をもつのは「ヤマト」である。「日琉同祖論」を最初に主張したのは、薩摩の儒学者である南浦文之《なんぽぶんし》で、一方、琉球王府の高官である羽地朝秀《はねじちょうしゅう》（一六一七〜七五）は、日本人と琉球人は同じ祖先をもつと主張した。琉球の伝統的な習慣を見直し、とりわけ宗教儀礼を簡素化した。琉球の正史には、稲（五穀）は北から伝播したとされている。

同様に沖縄学の祖といわれる伊波普猷も、琉球語は日本語の系統であるとして「日琉同祖」を唱えた。

では柳田はどうか。ここでは、本書第三部のアラン・S・クリスティ「上代日本の幻想――柳田国男『海南小記』における沖縄の同化」の論考をもとに考えたい。

クリスティによると『海南小記』は二つの語りを織り込んでいる。その一つは九州から沖縄、八重山に至る旅の物語であり、もう一つは「沖縄になおも存在しているとされる日本の文化的起源の痕跡の物語」であり、「発見」の物語である。ではその発見の本質とは何か。それは沖縄の人々が「非日本人」とレッテルを貼られ、差別されていたが、しかし、沖縄で見いだされたものは日本文化の本来の形式である。日本人の方が、大きく変わり忘れてしまったのだ。日本人こそ沖縄にかえるべきである。これが柳田の主張だと分析する。

このようにみると、柳田は沖縄差別に憤り、同化政策には反対したのだから、いわゆる、政治的な「日琉同祖論」者ではない。

しかし、クリスティは言う。柳田は「同化政策によって沖縄の文化を解体しつつあった当局の主張の空虚さをあばいている。しかし、柳田による両者の関係の規定が、日本の側の変化を求めるものならば、私が『海南小記』を同化政策的だと言うのはなぜだろう」。そしてその理由は「それが日本のための沖縄を構築するものだからである」と結論づけている。

クリスティの言葉を受けて私は今、多くの言葉をもたない。ただ、言えることは、一つの民族、一つの国家にとらわれている限り、この問題の答えはないのではないかということである。人類史的にみると文化や人々の暮らしに国境はない。「風土」という言葉がある。土地は動かないが、風は自由に地球をめぐる。その風が人々の往来をうながすのである。

宮古島狩俣、1975 年
（撮影・比嘉康雄）

II

琉球文化からみたアイヌ民族・台湾原住民文学・朝鮮詩集

ヤポネシアの北と南を結ぶ

この稿は、琉球を中心にして北の大地と南の島を結ぶ試みである。ヤポネシアの北端であるアイヌ・モシリの大地と南端の台湾。それぞれの奥地を覗き込むと、深い闇がみえる。だが深い闇の底の歌に耳を澄ましていると、その言葉がやがて様々な彩りと輝きに満ちていることに気づく。

アイヌのユーカラとの出会い

それは十七、八年前のことであったか。福島県会津若松市で開催された、シンポジウムに招かれた。テーマは「地域自治と文化」であったと思う。アイヌ民族の萱野茂さんと民俗映像研究家の姫田忠義さんと同席させていただいた。萱野さんは後にアイヌ民族では初めての参議院議員になられた方で、国会で「アイヌ新法」の制定などを訴えられた。温泉旅館で同宿しながら、地元の若者を交えて互いに話したことが忘れられない。姫田さんは、情熱的な話をなさる方で、アイヌ民族や会津の昭和村のカラムシ（苧麻の一種）栽培などの記録をされていた。萱野さんとは以前に何度かお会いしていたが、その話術にすっかり魅了されてしまった。たとえばあることを私が問う。すると萱野さんは、アイヌの伝説を語り始める。私はゆっくりと話を聞き、その物語から答えを見つけ出す。日頃、直截な会話に慣れていた私は、こんなにも「豊かな日本語」を聞いたことがないと思った。萱野さんはアイヌ語の復権をめざし、滅びゆくアイヌ語やユーカラを生涯をかけて記録した人である。日本語によって否定され淘汰されたアイヌ語を蘇らせることにエネルギーを注ぎながらも、一方でその日本語で語る話も心地よい。萱野さんは私にこんなことをおっしゃった。「たくさん、たくさんお話をききなさいね。テープをたくさん取りなさいね」と。

今、私の手元に『萱野茂のアイヌ神話集成』一〇巻（平凡社）がある。今は故人となった萱野さんの集大成で、生涯をかけて集めたアイヌ民族の神話集だ。アイヌ語の片仮名記述と日本語訳、それにすべて語り手の声（ＣＤ）が付いている。語り手の声はすべて萱野さんが、若いころ日雇い労働などをして得た報酬のすべてをかけて、テープに吹き込んだものだ。彼は初めから研究者であったわけではない。観光アイヌとして歌や踊りを大勢の仲間たちと観光地を巡って披露したこともある。借金をしてテープレコーダーを買い、そして日雇い人夫の一日分の賃金に等しいテープを買い、お年寄りからの話を聞く日々が始まり、六五〇時間をこえる録音テープになった。今は故人となってしまわれたが、あの時はあの大きな体に物語がいっぱい詰まっているのだと思った。私がユーカラにひかれたのはその時である。

台湾と原住民文学

私の台湾原住民文学との出会いについては、その出会いまでの長い道のりを語らなければならないが、それはおいおい語ることとしよう。

台湾は、第二次大戦終了まで日本の植民地にされ多くの犠牲者を出しながら、日本はその責任をいまだとってはいない。沖縄は、とりわけ与那国と台湾の花蓮は姉妹都市の関係を結び、交互に行き来しているが、はたして、私たちは台湾のことをどれだけ理解しているだろうか。

現在、台湾には原住民族が十二族（あるいはそれ以上）、四十二万以上住んでいる。一般的にいう台湾の人口は、大陸系の人がほとんどで、言語も大きく四つに分けられる。福語（福建系）、客家系語（広東）、北京語、原住民語である。一番多いのが福語、広東、北京語である。

『台湾原住民文学選8　原住民文化・文学言説集』（草風館）でプユマ族の孫大川（パアラバン）は、次のように述べている。

「幼い頃から私は強い民族的危機感を抱いており、いつも孤独で寂しい気持ちを感じていました。私は戦後まもなく生まれましたが（一九五三年）、両親はプユマ語のほかに日本語を話しましたし、父はまた書道が得意でした。親族のなかからは高砂義勇隊に三人加わって南洋に戦争に行きましたが、幸い三人とも無事に帰ってきました。私は六人兄弟ですが、三人は戦前に生まれ、日本の名前を持っています。兄と下の姉と私は戦後に生まれました。『完全』な中華民国国民といえます」。

さらに続けて「原住民と漢民族との関わりの中で生みだされてきた民族差別は、原住民文学の共通の傷痕であり、それはどの原住民作家の行間にも普遍的に滲みでています。明の鄭成功以来の漢族の流入がまさしく台湾原住民の災難と屈辱のはじまりです。この四百年の歴史の清算は、原住民がその主体性を立証する必要な歴程です」と、語っている。

そして、その一方で、彼は幼い頃の部落の様子を次のように回顧する。

「部落の老人たちは、ほとんど誰もが『文学』の才能をもっていました。老人たちは言葉を巧みにあやつって、物語を語り、神話を話して聞かせることに長じていました。誰もが『歌』で『詩』を書き、物語を吟詠するのには惚れ惚れとさせられます」と。

奪われた言語

アイヌ、琉球、台湾の歴史に共通するのは、日本語によってそれぞれの民族の言葉を否定された経験をもつことである。

パイワン族のモーナノンは「僕らの名前を返せ」と詩に書き、知里幸恵は『アイヌ神謡集』（大正十一年）の序文で「おお亡びゆくもの……それは私たちの名、なんという悲しい名前を私たちは持っているのでしょう。その昔、幸福な私たちの祖先は、自分のこの郷土が末にこうした惨めなありさまに変わろうなどとは、露ほどにも想像し得なかったのでありましょう」と記している。

人類史をひもとくと言語は常に変化し、あるいは消滅の運命を辿ってきた。琉球語も話し言葉が文字化されたとき、大きく変化した。もともと漢字、ひらがなは他からもたらされたものであって、琉球語が文字表記された時点で琉球語は大きく変化したものと思われる。一七一一年編纂の『混効験集』は、沖縄ではもっとも古い辞書とされ、もともと『おもろさうし』研究の草分けともいわれている。ということは一五三一年から一六二三年にかけて編纂された『おもろさうし』が、十八世紀初頭の人々にはすでに難解なものとしてとらえられていたことがわかる。尚真王以来の中央集権化と、一六〇九年の薩摩の侵攻は琉球社会に大きな変動をもたらした。とりわけ薩摩の侵攻は、ヤマト文化が怒濤のように琉球におしよせ、政治的には羽地朝秀などがその先兵をつとめ、薩摩や江戸にも滞在した玉城朝薫などが、文化的にその担い手になった。私は玉城朝薫の「組踊《くみおどり》」を否定するものではない。とりわけ「銘苅子」（羽衣）の、文体の空間的ひろがり（哲学的）と清らかさに胸をうたれる。けれども、その脚本を音読するとなると、日本語表記ではほとんど読めないので、伊波普猷の『注校琉球戯曲集』に付した音韻表記に頼らなければならない。伊波自身は戯曲を解読するために六〇〇語を取り出して説明したら膨大になったので、結局『琉球戯曲辞典』として別冊にして出したと記している。また『戯曲集』には折口信夫が「組踊り以前」いう文章をよせ、「沖縄の村々・島々の祭儀には、現に原始演劇的要素——世界民族一般に窺われる――を示すものが、まだまだ沢山残っている」と、書いている。したがって、組踊りの何がヤマト的で何が琉球のオリジナルなのかということに神経質になりすぎるとせっかくの舞台鑑賞がつまらないものになってしまうが、言葉や文化が支配と被支配の関係の中でどのように変容していったかという分析は重要なことのように思われる。

言葉の復権

失われつつある原住民族、あるいは先住民族の言葉を復権することは容易なことではない。アイヌのユーカラを記録した草分け、知里幸恵は「部落に伝わる口碑の神謡を発音どおり厳密にローマ字で書き綴り、それに自分で日本語の口語訳に施したアイヌ神謡集を公刊することになりました」と、神謡集の校正を終えたその夜、十九歳で亡くなった幸恵のかわりに金田一京助が、後書きに記している。

台湾原住民文学も十二の部族に属する作家たちが自らの出自の言語を、文字化するのに同様に苦心惨憺している。前出の作家によれば、1「漢語創作の問題。日本統治以来の国民改造による台湾原住民言語の流出に加えて、漢語書写は母語圧殺を加速している」。2「表音文字の符号の問題。原住民だけでなく、南人、客家人も同様の苦境に直面しています。台湾ではここ四、五年来、表音文字の符号についての論争が盛んです。これは本土化と主体性、そしてイデオロギーの

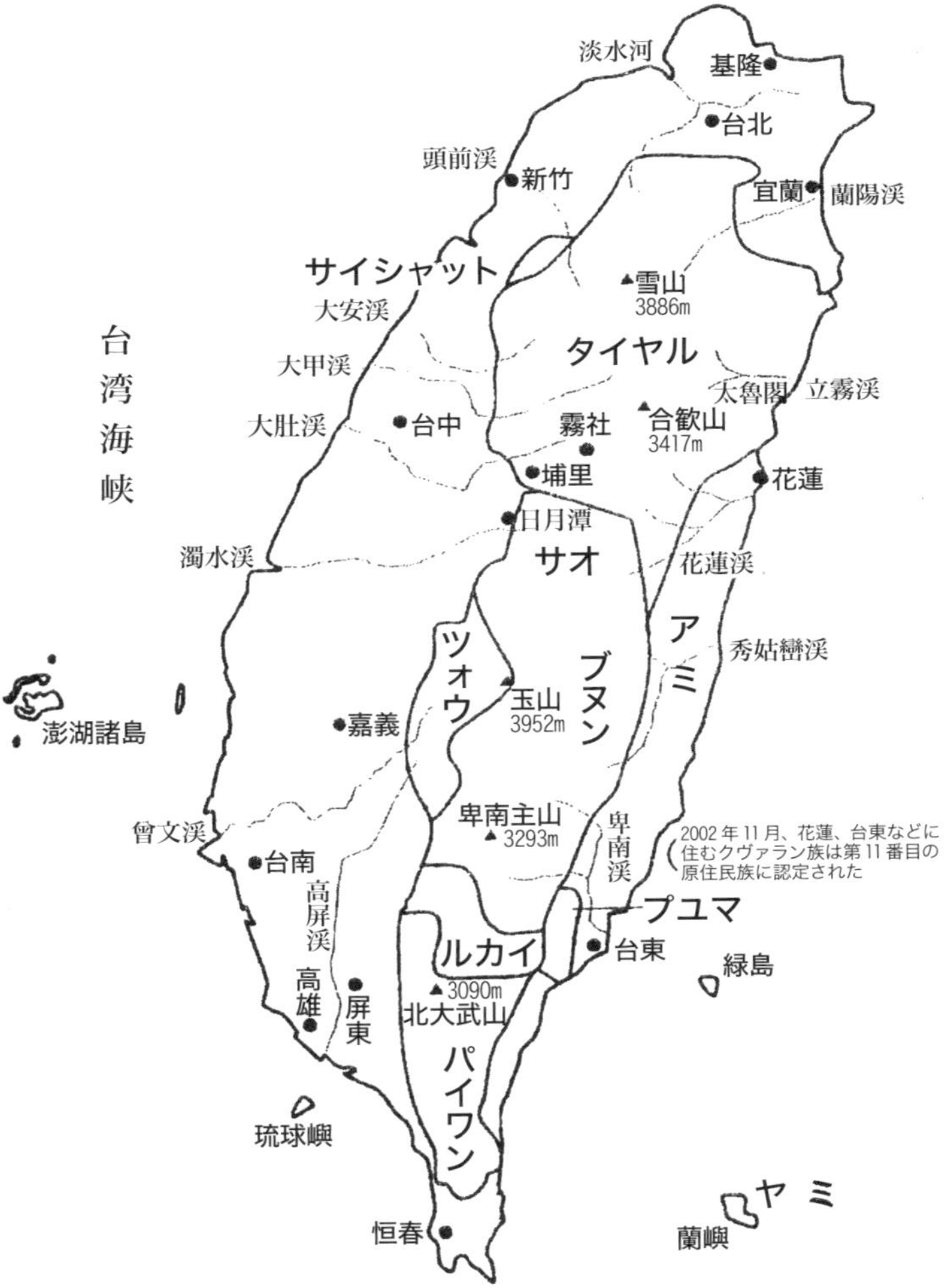

台湾原住民族分布図（『台湾原住民文学選 1』草風館、より）

問題にかかわり、それを解決しようとすれば、必ず困難をともないます。またお互いに言葉が通じず、それを文学言語として使用しようとすれば、実際にさまざまな困難がともなうのです」と、述べている。長い引用となったが、台湾原住民文学が直面している問題と、日本語で表記している沖縄の作家たちによる琉球語表記の実験が文学表現の問題として熱く議論されていることと、重なって見えてくる。

二風谷の風

何年も本棚に立てかけたままの『萱野茂のアイヌ語辞典』を開いてみる。すると眠っていた記憶が目覚めはじめる。辞典の扉には「一九九七年七月二十一日、安里英子　ポンカッケマッ」と鉛筆書きで記されている。今は亡き萱野氏の筆跡である。ポンカッケマッとはアイヌ語で小さな淑女という意味で、さらに

オスイレスイ
ウヌカラアン、スイ
ウヌカラアンロー

とある。辞典をひくと、

オスイレスイ（o—tu　suy　re　suy）は、二回も三回もという意味。

ウヌカラアン、スイは、ウヌカラ（u—nukar）が会う、アン（an）は私たち、スイ（suye）は、回数を表す語。

ウヌカラアンローは、ウヌカラは顔を会わせる、ロー（ro）は、しましょう。

意訳すると、

これから二度も、三度もあいましょう。

何度も、顔をあわせましょう

という意味になる。


実際には、萱野氏とはすでに何度かお会いしているので、「これからも何度もお会いしましょう」と、いうことになる。

私は、これまでに二度ほど萱野氏の住む、北海道沙流郡平取町二風谷を訪ねている。初めは一九八八年。二風谷を訪れることになったのは、札幌市で開催された「食の祭典」でアイヌの食が出展されることになり、その企画で沖縄から三三人が招待され、その事前打ち合わせのため、一人で札幌にいったが、そのときに私の希望で二風谷まで足を運ぶことができた。そのときのメンバーを思いだしてみると今は亡き山城善光氏、喜納昌吉氏、新崎盛暉氏、金城睦氏（喜納氏をのぞいて故人となった）など、それに石垣、宮古、喜如嘉などの神女五人、現地で琉球料理を披露した料理名人（那覇のシーサーヤのオーナー女史）などで、絶妙な組み合わせだった。

札幌で私たちを迎えてくれたのは、その前年の八七年九月に沖縄で行われた「うるま祭り」に招待された三三人のアイヌの方々だった。アイヌの方々は沖縄に招待されたお返しとして、私たちを札幌に招いてくれたのである。

今でこそ、アイヌと沖縄の交流は盛んであるが、一九八〇年代は双方が行き来することは稀なことだった。個人的にはミュージシャンの喜納昌吉さんが、北海道でコンサートを行い、アイヌのみなさんと親しく交流があった。うるま祭りはその延長線上にあった。

二度目は、九七年の夏、札幌で開催された「フォーラム九〇」主催のシンポジウムに参加し、その足で参加者と共に半日をかけて二風谷を訪ねた。当時萱野氏は国会議員になっていたが、自宅を訪ねると、いつもとかわらない風情で私たちを迎えてくれた。アイヌ語辞典は、そのときに求めたものだ。長男の志朗氏は、当時アイヌ語新聞を発刊しアイヌ語教室を開くなどアイヌ語の復権につとめていた。志朗氏には、昨年（〇八年）シンポジウムで沖縄大学を訪ねてきた折りにお会いしたが、お父さまそっくりに丸みを帯びられ、名刺には「萱野茂・二風谷アイヌ資料館」館長と、刷られていた。父・萱野氏の辞典のはしがきには、次のように記されている。

「おもえばアイヌ民族として生を受けて七〇年、アイヌであることから一度逃避した私が、ふたたびアイヌに戻り、アイヌの民具の収集と制作にかかわって四五年を迎える。北海道平取町立の「二風谷アイヌ文化博物館」の展示物と私が個人で経営する「二風谷アイヌ資料館」の二館分の展示物を自分ひとりで収集制作したことを心密かに誇りに思っている」と。資料館が、親から子へと継承されたことを思うと、時がまたひとつ経過したことを実感し感慨深いものがある。

萱野氏は一九二六年に生まれ、九四年にアイヌ民族として初めて参議院議員にまでなった人だが、彼の人生を特徴づけているのは、貧しいコタンを拠点に、十二歳から出稼ぎに出て以来、様々な職業につく。十二歳で造林人夫として山の飯場へ、十三歳で山子（木こり）、山子のできない季節には、鰊場でみがき鰊の製造工場で働き、さらに測量人夫、炭焼きなどをする。炭焼きは一家で行った。

「祖母も一緒でした。だから私の身辺にはアイヌ語が日常的に使われていました。本の好きなわたしがほの暗いランプの下で読書をしていると、祖母はわたしの名を呼び、ウエペケレ（昔話）を聞けという。私が大きい声ではい、と返事すると、祖母はさっそく語りはじめます」と、いう具合に祖母の物語を聞く。また、二〇年つづけた山子の仕事でも、先輩方からアイヌの知恵を学んでいる。

しかし、一方でアイヌの文化は心ない研究者によって収奪される。たとえば、二風谷に来るたびに村の民具を持ち去る。墓をあばいて祖先の骨を持ち去る、研究者と称して村人の血液を採る、人物写真撮影といって、顔の正面と横からと、いろんな角度から撮られ、しかも囚人のようにでっかい番号札を胸につけさせられる、など。

「このようなシャモの学者の勝手なふるまいに、私はいったいこれでいいのかと、自分に問いかけてみたのです。そのときから自分は変わったと思います」と、萱野氏は後年に語っている。「民族意識にめざめたわたしは、まず手はじめにアイヌの民具が無料同然に持っていかれるのを防ぐため、買い取ってやろうと思い、民具を集めることをはじめました」とも。

彼の人生を大きく飛躍させたのは、二人のアイヌ語研究者との出会いがある。その一人は知里真志保、あと一人は金田一京助。知里真志保は、ユーカラをアイヌ自身で記録した草分けとして知られる知里幸恵の弟である。この三人の関係については、後にくわしく述べることとして、ここでは、萱野氏が口伝えで聞いてきた、まじない言葉やユーカラを読んでみよう。

まず、物語以前の呪い言葉から。

夜に水を汲むとき

ワッカ　モーシモシ　　水よ目を覚ませ
ワッカ　モーシモシ　　水よ目を覚ませ
ワッカ　カフプ　カン　ナー　　水をもらいますよ
カムイワッカ　カフプ　カン　ナー　　神の水をもらいますよ
ワッカウシカムイ　　水の神様
モーシモシ　　目を覚まして
ワッカモウシカムイ　　水の神様
モーシイモシ　　目を覚まして
ワッカ　カフプ　カン　ナー　　水をもらいますよー

夜に水を汲みに行ったときに、杓の底でピチャピチャと水音を立てて水を汲んだ。水の神様も人間同様に、夜は眠っていると考えられていたので、まず目を覚ましてもらってから、水を汲んだ。

私は似たような話を沖縄の具志川市（現うるま市）で聞いたことがある。「朝早く、野菜を洗うために井泉《カー》に出ると、あたりはまだモヤがかかりとても静かだ。だから水の神様をびっくりさせてはいけないので、水面に小石を投げ入れる。そうやって神様を起こしてから水を汲む」と。

もうひとつまじない言葉を紹介しよう。

　赤ん坊がくしゃみしたとき

チェシコニナ　　糞に混ぜた
チェシオロポイエ　　糞に押し混ぜた
チェシコテイエ　　糞に押し当てた

沖縄でもくしゃみをしたとき、

　クスケーヒャー　　糞クラエ

という、まじない言葉と似ている。

二風谷で、萱野茂氏と著者（1997年）

萱野氏は、膨大な数のアイヌの神歌（カムイユーカラ）、伝承（ウワッペケレ）を記録している。それは単に文字だけでなく、話し言葉そのものを音として残したという点で、貴重な仕事をされた。

参考文献

萱野茂『アイヌの碑』（一九九七年）
萱野茂『萱野茂のアイヌ語辞典』（一九九六年）
萱野茂『萱野茂のアイヌ神話集成一〇』（一九九八年）
沖縄県教育委員会『沖縄県女性史研究』所収　安里英子「開発とくらしと女性たち」（一九九八年）

金田一京助とアイヌ語研究——盛岡・北上川の流れで

金田一京助の影を求めて、北上川の川原を彷徨った。金田一が愛した岩手山をのぞみながら、ひたすら北上川に沿って歩いた。五月。まだ、風は冷たい。岩手山の稜線には幾筋もの白い雪が縞模様のように残っている。なぜ、こうも金田一を追うのか。恋うるのか……。なおも北上川の川原を歩きながら自問する。金田一を恋うるのは、私ではない。かのはかなくも十九歳で絶命した、知里幸恵が私をして、金田一を追わせるのか。

幸恵が初めて金田一に会ったのは大正七年、十六歳のときである。金田一が北海道五十年祭りで、北海道を回って、ユーカラの伝承者を訪ねていたときのこと。旭川郊外の近文というアイヌ部落にカンナリモナシノウックというおばあさんを訪ねた。そこでカンナリばあさんの長女マツさん、妹のナミさんと共に幸恵と運命的な出会いをする。

幸恵が十四編の「神々のユーカラ」をもって東京の金田一宅にやってきたのは大正十一年五月、十九歳になっていた。京助四十一歳。幸恵は金田一宅に滞在し、ユーカラを仕上げるが、途中持病の心臓病で動悸がひどくなる。大学病院で診察を受けながらも作業は続く。しかし、ついに幸恵の心臓は持ちこたえることができなかった。

金田一は幸恵の絶命のときをこう書いている。

「一冊の本をこしらえるために、原稿をタイプで打ちなおして、そのでき上がりと本文とをしさいに照らし合わし、校正してくれて最後の頁を終わると同時に、「先生！」といって、様子がおかしくなりました。近づいていったら手を出した。それをつかんで、どうしたといったら、その瞬間心臓麻痺が起こり、うす赤いシャボン水のようなあわを、とめどもなく吐いて、止まらないのです。私はびっくりして、「幸恵さん、幸恵さん」と呼びました。大きな声で三声呼んだとき、「はい」とかすかに答えました。それが最後でした。泣いても悲しんでも足ずりしても及ばない。私の落ち度でした。それほどまでに幸恵さんが苦痛をこらえてやっているのを、察しかねたのですから、申しわけのしようがないのです。思えば、幸恵さんは、アイヌ語研究の犠牲になろうと、覚悟していたらしいのです。しかし、なにをどんなにしても償おうにも私の落ち度を償えるものはない」。（『金田一京助全集15』三省堂、四一六頁）

絶筆となった幸恵の原稿は、ほぼ一年後の大正十二年八月十日に出版された。『アイヌ神謡集』

（知里幸恵編訳）である。

この幸恵の壮絶ともいえる死が、幸恵の弟真志保と金田一を繋ぐことにもなる。金田一が、初めて幸恵に会った大正七年、真志保は当時小学校六年生。幸恵の遺言のように言い残した言葉「私は頭が悪くて、なんにも先生のお手伝いができませんが、弟のマシホなら先生のお役にたちましょう」（前出四一七頁）。幸恵の死後、金田一は真志保に一高を受けさせ、大学も卒業させた。

「そうさせた原因は知里幸恵さんの死でした。さきのように死なせたことが、私を、そうさせたのです。いつになっても、心を離れない私の罪業ですが、死んだ幸恵さんが思い残したその弟の世話ができたことは、罪の償いとして、いささかの心の慰めとなったような気でした」（前出四一八頁）と書き記している。

金田一京助は、明治十五年五月五日、盛岡市四ツ屋町三三番戸に生まれる。金田一勝定の甥として生まれる。父は旧姓梅里氏、名は久米之助（二十八歳）。母は名は安（二十一歳）、勝定の妹。年譜には、先ず父母の名前ではなく、叔父の甥として記されている。これは『私の歩いて来た道――金田一京助自伝』を読むとその謎がとける。京助の父は、金持ち勝定の末の妹やすのところに養子にきたのだった。金田一家はお手伝いが何人もいる金持ちで勝定は漢学者で学問好きであった。京助が大学三年のとき「アイヌ部落にいって、アイヌ語をしらべたい」と言いだしたときも、勝定は旅費金百円也を出してくれたのである。当時、アイヌ語の研究者が皆無だったが、その草分けとなり得たのは、この勝定の援助があったからこそともいえる。

大学では上田万年の言語学に心打たれ、言語学科を選ぶ。学年では京助一人で、一年前の先輩に橋本進吉、小倉進平、伊波普猷がいた。それぞれ朝鮮語や琉球語シナ語をやる者はいたが、アイヌ語はいない。上田は「アイヌは日本にしか住んでいないのだから、アイヌ語研究は世界に対する、日本の学者の責任なのだ。それをやる人がいないということは……」と言われた。そのとき京助は「ピリッときたのです」と、言っている。

そのとき（明治三十八年）、すでにイギリスの宣教師ジョン・バチェラーによって『アイヌ英和辞典』が出ていたが、「ひと目見ただけで、これはしろうとだな、ということがすぐわかりました」と言うように、とくに文法などはあまりにも簡単だと評している。金田一の、アイヌ語研究の第一歩は、樺太旅行から始まる。樺太のアイヌ語と北海道のアイヌ語は通じない。もとは同じアイヌ語を使っていたはずで、この両方の方言を比較したら、両方言に別れる昔の形にさかのぼることができると思ったのである。上田万年に相談したところ、上田が旅費を出し、樺太調査が実現した。大学三年のときだった。

盛岡の材木町にある小さな豚カツ屋で、昼食をとった。そば屋でもと思ったがそれが見つからない。不思議とラーメンと韓国風冷麺の目立つ街である。

オヤジさんに金田一京助のことを聞いてみた。知らないと言う。石川啄木や宮沢賢治のことは知っていても。

かつて宮沢賢治の本を出版した光原社の経営する民芸館で、金田一の生まれた四ツ屋町はどこか聞いてみた。すると今は本町通りに名前が変わり、その二丁目あたりだという。タクシーを頼んで、そのあたりにいってみることにした。運転手さんが地理にくわしく、案内してくれた。わずか四ツ屋教会が、かつての地名を残している。三丁目あたりにいくと文化財にも指定されている地蔵菩薩があり、板に記されている寄付者名を見ると金田一某かの名前も記されている。ゆかりの者であろうか。

さらに運転手さんは、四ツ屋の家から家族で引っ越した大沢川原小路あたりにも案内してくれた。中学校のあるあたりだという。日暮れにさしかかっていたので、その日は、遠巻きに中学校のあたりを見るだけに止めた。

翌朝、五時すぎに目覚めた私は、六時には駅前のホテルを出て、北上川の川原を散策した。その中学が川沿いにあることを知ったからだ。北上川は、その辺では中津川と呼ばれる。駅から四、五分歩くと、川原に下りることができる。川原は広く、柔らかな草原になっていて、早朝の散歩やジョギングをする人々の姿が見られる。私はただ、ひたすら歩いた。すると学校が見えてきたので階段を上り、橋むこうの学校を目指す。途中、「賢治の清水」と呼ばれる湧き水があり、そこで口をすすぐ。近所のおばちゃんたちが、朝のお茶をわかすのであろうか、水を汲んでいった。中学は下橋中学で、かつての盛岡高等小学校のあったところだ。ここで金田一と石川啄木は共に学んだ。東京時代の啄木は、とりわけ京助を頼り、京助は経済的な援助を惜しまなかった。ところで学校の校門前には、啄木と若山牧水の大きな歌碑が建っている。

教室の窓より遁げて　ただ一人
かの城址に寝に行きしかな　　石川啄木

城あとの古石垣にゐもたれて
聞くともなき　瀬の遠音かな　　若山牧水

牧水の歌は盛岡に啄木を訪ねてきたとき詠んだものである。牧水は啄木の死を看取った仲である。何かの本にもそう書いてあるが、実際は、金田一も今際のときに呼ばれ、かけつけたが、大学の講義があり、まだ意識のある啄木をはげましつつ講義にでる。しかし講義を終え、駆けつけたときにはすでに啄木は息を引き取っていた。だから、彼も臨終に立ち会ったも同然ではあったのだ。

ところで、学校の校門の前にはもう一つの小さな案内板がある。そこには金田一京助ゆかりの地(一八八二〜一九七一)とちょっとした紹介が書いてある。地味なものだ。大きな岩に彫った歌碑と比べればなんと、寂しいことか。

ところで、中学校からさほど離れていない「賢治の泉」の近くに新渡戸稲造(一八六二〜一九三三)の銅像がたっている。りっぱな像で回りは小公園となっている。新渡戸といえば『武士道』を著したことで知られ、北海道や台湾などアジアへの植民地政策を進めた、金田一とは対極をなす人物である。

萱野茂は、昭和三十六年八月に登別で金田一に初めて会っている。観光アイヌとして働いていたころである。以後、二人はユカラについてのやりとりがはじまり、萱野は杉並の東田町の金田一宅を訪ねている。また、ときには熱海の水葉亭で一週間も二週間も籠り、金成まつさんの語ったユカラを読む作業を行っている。萱野の生涯の仕事となったユカラの採集・記録は知里真志保、金田一との出会いによって触発されたことにはまちがいない。萱野氏のアイヌ民族資料館の庭には、昭和四十三年に金田一の歌碑が建立されている。

物も云はじ　声も出さじ

石はただ
全身をもって、己れを語る

（萱野茂『アイヌの碑』）

金田一は、歌碑除幕式で二風谷を訪れてから、三年の後、昭和四十六年十一月十四日に亡くなった。

（注）引用した本によってユーカラ、ユカラと表記に違いがある。

知里真志保の内なるアイヌ研究

『知里真志保著作集』全六巻（平凡社、一九七三年初版、二〇〇〇年初版七刷）を読みながら、アイヌの世界を旅したいと思う。

十一月、テレビの天気予報によると北海道はすでに雪がちらついている。知里幸恵・真志保姉弟の生誕地・登別（ヌペルペッ）に行ってみたいと思いながら、なかなか叶わない。聞くところによると、登別には「銀のしずく館」（知里幸恵記念館）が建設された。記念館は幸恵の生家の地につくられ、『アイヌ神謡集』に関する資料、日記、手紙、写真などが展示されているとのこと。

知里真志保（一九〇九～六一年）は、幸恵の弟で、十九歳で幸恵が他界した後、金田一京助の援助で旧制一高、東京帝大を卒業。語学に対して天才的な才能があり、自らの出自であるアイヌ語研究を大成した。一九四〇年に樺太の豊原高等女学校に勤め、戦後は北海道大学の教授になる。『分類アイヌ語辞典』で朝日賞を受賞した。

著作集の内容は、

一巻　説話・神謡編1
二巻　説話・神謡編2
三巻　生活誌・民族学編
四巻　アイヌ語研究編
別巻1　分類アイヌ語辞典　植物編・動物編　別巻2　分類アイヌ語辞典　人間編

この膨大な研究の書を短期間で読むことは不可能だが、本をなぞりながら時々立ち止まり、真志保の豪快な語り口に耳をかたむけることにしよう。

姉幸恵の繊細な美しい文章に比べて、真志保のそれはいかにも男性でなければ聞き取れない内容の説話もある。なにしろ、一巻のアイヌ民譚にはいきなり「パナンペ放屁譚」、「パナンペ沖へ向かって肛門を開く」などの説話が出てくる。「放屁譚」は、「パナンペがあった。ペナンペがあった」と、始まる物語だが、要約するとパナンペの口の中に小鳥が飛び込み、そのまま腹の中に入っていった。家に帰って妻に屁をへるので聞いてくれというと、妻は呆れて横目で睨みつけるが、パナンペがいきむと、カニ　ツンツン　ピイ　ツンツンという屁の音がした。すると妻はひどく驚き、そして好い屁に感心して何度も屁をねだり毎日一緒に笑い暮らしていた。それがお殿様の耳に達し、お殿様の前で屁をひり、長者になった。それを妬んだペナンペが自らもお殿様の前で屁をひることができるよう仕向ける。お殿様の前で御馳走をどっさり食べたペナンペが、おもいきり屁をへると食べすぎたペナンペは下痢をして大きな下痢糞の山ができ、糞が飛び散りお殿様も家来も糞の中に埋もれたというお話である。冒頭に出てくるパナンペ・ペナンペはｐａ（川下）ｎａ（の方に）ａｎ（いる）ｐｅ（者）という意味で、対語としてのペナンペはｐｅ（川上）という意味で、川下に住んでいる者、川上に住んでいる者という意になる（真志保注解による）。

いきなり、屁だの糞などと出てくるので面食らってしまうのだが、なによりもはて？と思ったのは「お殿様」が登場することである。アイヌの社会にはお殿様は存在しないのだから。そこで全集ではなく岩波文庫版の『アイヌ民譚集』（知里真志保編訳）を開くと関敬吾による解説がある。「この系統の話は東アジア、ことに中国、朝鮮、日本などに広く分布している。朝鮮には甘い糞、中国には香ばしい糞、がある」と記している。なるほど民話は孤立していないのだ。真志保も三巻の「外来文化の要素その一」で次のように言っている。「同じ昔話について、津軽海峡を越えて北上してくる日本文化の流れと、間宮海峡を渡って南下する大陸文化の流れとを、同時に見ることができる。この二つの道こそ、北海道の先史時代を通じて、外来文化の入り込んでくる主要なルートだったのであります。トノという語も松前を通じての日本文化の影響を見ることができる」と。

一般的にアイヌ民族は狩猟民族だと云われているが、それに対して真志保は「漁狩猟民族」であったと言っている。ただ、それは時代によってもどれに重点が置かれたかの違いがあり、後代には狩猟に重点が置かれ、熊祭などが最大の関心事であったかのような印象をうけるが、しかし古くさかのぼれば漁労が生活の中心であった。アイヌ文化の基本的な性格の一つは「海洋性」にあるという。アイヌの固有の舟は丸木舟であるが、山奥でもこの舟の「幻影」が動いている。赤子をあやす揺籠のことを「シンタ」と言うがこの「シンタ」を舟と考え、「ねんねのお舟が降りてきたぞ、ホーチプ、ホーチプ」などと歌う。それは「ホーチポ、ホーチポ」、「それ漕げ、やれ漕げ」と言う意味だというのだ（三巻漁労アイヌ民族その二）。

琉球がそうであるように、アイヌ民族も海の民でもあったのだ。狩猟は内に籠もるという側面があるが、漁労は外に向かう開放的な民族性が見えてくる。北海道の古墳遺跡からは琉球産のイモガイ製貝輪が出土（『高等学校・琉球・沖縄史』新城俊昭）しており、古代の貝の道が目に浮かんでくる。

アイヌの信仰の柱をなすものはシャーマニズムであり、アニミズムであるという。「あらゆる事物が、われわれ人間同様、生きた存在だと考えられている。例えば風も歴とした生物なのであります。ある地域では風が吹き荒れると、家の外に草刈鎌を立てて、風の神よ、あんまり暴れると、あなたの奥さんの腰巻きが切れますぜ、などと唱えます」。あるいは川。「川も生物だから肉体を持っている。例えば水源を川の頭、川の中を川の胸、曲がり角を川の肘、屈曲して流れている部分を小腸、河口を川の陰部とよぶのであります」（三巻「アイヌにおけるアニミズム」）。

では、アイヌの祭場はどこにあるのか。古くは山の山頂に祭場があったというが、後には部落が大きくなると部落の中に共同の祭場を持つようになり、そこで山の神を遥拝するようになった。しかし、「今のアイヌは家ごとに戸外にヌササンと呼ぶ祭壇を持っている」という。

琉球の伝統的村落には必ずといっていいほど祭場、すなわち御嶽《ウタキ》がある。そこには祖霊神が祀られ、村落＝部落の精神的中心となっている。アイヌ社会は明治以後、明治政府によって土地を奪われ、彼らの精神的支柱となる自然の神々が消えていった。共同の祭場も部落（コタン）の崩壊と共に消えたのである。

ところで、アイヌの信仰はアニミズムによっていると真志保は書いているが、その後に「ただし」と書き加えている。すなわち「今のいわゆるアイヌは、川でも風でも草でも木でもすべて一般の日本人と何等変わりのない掴み方をしております。一般の日本人とちっとも変わるところがないのです。そういう意味で彼等はもはやアイヌではなく、りっぱな日本人で、強いて云うならばアイヌ系日本人なのであります。そのような日本人に強いてアイヌの名を押しつけて、その云うことや、その考え方を古来のものと妄信して来た点に、これまでのアイヌ研究の致命的な欠陥の一つがあったのであります」とある。

ここで、気になるのは真志保が同胞のアイヌに対して「彼等」と呼んでいる点である。「私たちは」ではなく、「彼等はもはやアイヌではない」と言っているのは、研究者としての自分と相対化する意味があったのだろうか。しかし、ここで重要なのは、他によって「アイヌ」を強制させられない、という点であろう。


さて二〇〇八年六月衆参両議院において「アイヌ民族を先住民族とすることを求める決議」が全会一致で採択された。これは二〇〇七年の国連総会における「先住民族の権利に関する国際連合宣言」採択にもとづくものであるが、これは画期的なものといえる。

日本の中で先住民族として認められてアイヌ民族がこれからどのようにして奪われた人権を復権していくのかということについては、沖縄人の私としては最大の関心事である。

先日、「薩摩の琉球支配から四〇〇年・日本国の琉球処分一三〇年を問う会」主催による「国連の先住民勧告をどう考えるか」というシンポジウムがあった。同会では北海道アイヌ協会の貝澤和明氏が発言したが、彼の発言で興味深く聞いたのは次の点であった。「私たちは分離・独立を主張しているわけではない。今北海道に住んでいるアイヌ以外の人々とも共存していける自治をめざしたい」ということだった。

また、二〇〇九年七月三十一日の『週刊金曜日』に掲載された「アイヌ＝先住民族」国会議決から一年（平田剛士）に、平田氏は次の声を取り上げている。「世界先住民族ネットワークＡＩＮＵ」の秋辺日出男事務局長は「いい政策を作るのにアイヌもシャモもへったくれもない。過去の清算がスタート地点であることは間違いないが、そこをクリアした後は、これからは一緒に社会を構築していくメンバー同志」と。因みにここでいうメンバーとは「アイヌ政策のあり方に関する有識者懇談会」のことである。これに対して平田氏は言う。「秋辺さんの穏やかな表情でシャモの立場をおもんぱかれるのは、互いを重んじるアイヌの倫理観に加え、他ならない国際社会が大きな後ろ盾になっているからだろう」と。さらに「先住民族の権利に関する国際連合宣言文には〈土地の領有、資源の回復と補償を受ける権利〉や〈権利侵害に対する救済〉が先住民の手にあると明言している」と書いている。つまり、アイヌはこれまでに奪われた土地、言語や文化等を、日本政府に対して補償を要求する権利をもつ。したがって前出のＡＩＮＵの秋辺氏等は、一方で懇談会に対して「アイヌ自治政府を設立するための措置」を要求しているというのだから、必ずしも穏やかな表情だけではないのである。これから先、アイヌの皆さんが具体的な権利回復のために要求を始めたら日本政府はどのように答えることができるだろうか。アイヌと同じ歴史的経験をもつ沖縄にとって、今のアイヌの皆さんの動きはどれも見逃せないものばかりだ。

偉星北斗と伊波普猷

伊波普猷には「目覚めつつあるアイヌ種族」という小論（『伊波普猷全集第十一巻』）がある。これは東京の小石川に住む伊波が、又吉康和[1]に送った手紙文である。日付は「大正十四年五月一日メーデーの夜」となっている。

手紙は大正十四年三月十九日に行われた第二回東京アイヌ学会の様子を書き記したもので、そこでアイヌの青年、偉星北斗に出会い、その感想を述べている。学会には二十人くらいが参加し、金田一京助が「アイヌの現状」と題して講演している。金田一とは東京帝大での同期であり共に言語学科に進み、伊波が琉球語、金田一がアイヌ語の研究の道へと進んだ。

伊波は、金田一の講演にいたく感動した。当時アイヌ社会は、和人のあからさまな差別と侮蔑をうけ、酒に溺れるものも少なくなく荒廃していた。和人たちによって仕向けられたといってもよい。そのような中で、

「中里徳太郎という偉大なアイヌが出現し、その後、アイヌの中からも中等教育を受けるもの

が出現した。一方でイギリス人宣教師のバチェラーの影響を受ける一団がいた。彼らは『ウタリ・クス』という機関雑誌を発行してアイヌの為に気焔を吐いているが、これにはいくらかアンティジャパニーズの思想がほの見えている。それから近頃中里氏の部落の余市のアイヌの中から自覚した青年アイヌの一団が産声を挙げた。彼らはアイヌを恥とせず、アイヌから出発してよい日本人になろうとする連中で『茶話誌』という機関誌を発行して、熱烈にアイヌ道を絶呼している。このグループの一人が先日突然自分を訪問してきた。二十五歳の青年で、違星滝次郎といって『アイヌ神謡集』の著者知里幸恵女史を男にしたような青年である」

と金田一は違星滝次郎(北斗)を紹介している。

金田一は学会当日に、その違星を伴っていた。学会終了後の食事会に違星は伊波の前に座った。その時の印象を伊波は「晩餐の時、私の向かいに座って、上品にホークとナイフを動かしていた。眉根が高く隆起し、眼が深く落ち込んでいて、私は奄美大島の人ではないかと思わせた青年でした」と書いている。その青年が一時間ばかり「ウタリ・クス——吾等の同胞——について」と語った。

「私は違星というアイヌです。私が生まれた所は札幌に近い余市というアイヌの村落ですが、この村落は早く和人(シャモ)に接触したのと、そこから中里徳太郎という、アイヌきっての豪傑を出したのとで、アイヌの村落中で一番能く日本化した所です。小民族が大民族に接触する場合にはどこでもそうでしょうが、そこには幾多の悲惨な物語が伝えられています。私の母は若い時分に和人の家で下女奉公していましたので、日本語が非常に、上手でした。家が貧乏であったにもかかわらず、私を和人の小学校に入れました。この時全校の中でアイヌの子は三、四人しかいませんでしたので、非常に侮蔑され、なぐられることなどもありました。……私は日頃天下の耳目を蠢動させている水平運動を尊敬していますが、私はこの人達がエタという名称をそのまま使用されたら、もっと勇ましいことであると思います。……」。

偉星の話がおわると伊波は「私は君の郷里と反対の方向の琉球から来た伊波というものだが、君の気持ちは誰よりも私には能くわかる」と握手を求めている。

その後、偉星は伊波を二度訪問し語りあっている。その際『茶話誌』や『ウタリ・クス』の機関誌を揃えて見せている。その感想を伊波は「この二誌に現れている青年アイヌの思想を調べてみますと、時代が時代だからでもありましょうが『沖縄青年雑誌』に現れている明治二十三年頃の東京沖縄青年の思想よりは遙に進んでいるようです」と記している。

さて偉星北斗とはいかなる人物であろうか。私の手元には『偉星北斗遺稿・コタン』がある。その年譜をみると一九〇二（明治三十五）年生まれ。本名は滝次郎。十二歳尋常小学校卒業、十五歳木材人夫として出稼ぎ。十七歳石狩の鰊漁場や登村の柴刈りに出稼ぎ。十八歳畑を借りて茄子などをつくるが病気になる。十九歳轟鉱山に出稼ぎ。二十一歳落葉松伐採に従事、病気になる。

二十三歳上京、金田一、後藤静香、伊波に知遇を受ける。アイヌ学会で講話。バチェラー八重子に初めて手紙を書く。二十四歳民族復興の使命を痛感し、北海道に帰り「アイヌ一貫同志会」をつくり各地を回る。二十五歳イギリス宣教師バチェラーの創立した平取幼稚園を手伝う。日雇いしながら土器発掘等のアイヌ研究に従事する。『コタン』創刊号を発刊。『小樽新聞』に初めて短歌掲載。二十六歳薬売行商をして各地を回る。歌誌『志づく』に「偉星北斗歌集」の特集号。発病し実兄の許に身を寄せる。二十七歳（一九二九・昭和四年）死去。一九六八年日高の平取町二風谷小学校校庭に「偉星北斗の歌碑」が除幕される。

北斗が名を残したのは短歌によってであろう。和歌とも呼ばれる形式によってアイヌの叫びを表現した。

滅び行くアイヌの為に起つアイヌ
偉星北斗の瞳輝く

新聞でアイヌの記事を読む毎に
切に苦しき我が思かな

売薬の行商人と化けて居る
俺の人相つくづくと見る

白老は土人学校が名物で
アイヌの記事の種の出どころ

白老のアイヌはまたも見せ物に
博覧会へ行った　咄！　咄！！

私は二風谷小学校に建てられた北斗の歌碑を見る機会があった。萱野茂さんを訪ねたおりのことだ（一九九七年七月）。

碑には金田一の書によって、

「沙流川ハ　昨日の雨では水濁り
コタンの昔　轟きつつ行く」
「平取に　浴場一つ　ほしいもの

金があったら　たてたいものを」

の二首が刻まれている。

注

（1）又吉康和（一八八七～一九五五年）ジャーナリスト。早稲田大学に学び大正四年に帰郷。那覇市長を一期務める。

ジョン・バチェラーとバチェラー八重子

私の手元に古びた、美しい二冊の本がある。『ジョン・バチェラー自叙傳　我が記憶をたどりて』(昭和三年発行)、そしてバチェラー八重子の金文字で装丁された『若き同族《ウタリ》に』(昭和六年発行、初版本)である。

ジョン・バチェラーの初版本の自叙伝は、漢字にはすべてルビが振られていて、私の目には珍しくも新鮮に写る。また著者の「印」にはアイヌ民族の祈りに欠かせない「イナウ」が彫られている。この本の原稿は初めローマ字で綴られていたが、得能松子(北海道庁内総部長夫人)が日本語に直したという。

同自叙伝は二〇〇八年に北海道出版企画センターから、北方新書として復刻出版されているが、それには初版本に掲載されていた徳川義親の序文は省かれている。その代わりに「樺太アイヌの会」主宰の村崎恭子が復刻出版にあたってと題して後書きを書いている。

一方バチェラー八重子の『若き同族《ウタリ》に』は、歌集である。ジョン・バチェラーの養女となった八重子は十九歳で東京の神学校に学んでおり、日本語が達者である。しかしながら八重子はあえて短歌をアイヌ語でも詠んでいる。そのような八重子の歌人としての才能を発見したのは金田一京助で、本の出版は佐佐木信綱が引き受けた。したがって序文はその両者と共に新村出が文章を寄せている。

八重子の同本についても、二〇〇三年に岩波書店の文庫本として復刻出版されている。このときにはタイトルが『若きウタリに』と改められ、歌の外に『婦人公論』（一九三一年）に発表された「同族の立場から」という八重子の文章と、中野重治が一九三五年に『文学界』に発表した「若きウタリに」についてと、村井紀による八重子の略年譜が新たに加えられている。

＊

ジョン・バチェラーが初めて函館にやってきたのは一八七七（明治十）年、二十三歳の時である。バチェラーは一八五四年イギリスのサセックス郡アクフィールド村（ロンドンから八〇キロほどの所）で生まれた。その彼が若くして北海道に移住して以来、じつに六四年間を同地で生きることになる。第二次世界大戦の最中、戦禍を逃れてカナダを経由して三年がかりで英国の故郷に帰り着くが、翌一九四四年九十一歳で亡くなる。

自叙伝は、バチェラーの故郷や祖先のことや幼少の思い出、そして函館に至るまでのことが詳細に語られている。そして函館に着いて初めてのアイヌとの出会い、アイヌ部落訪問がユーモアを交えて語られる。後半は宣教師となり、キリスト教布教と、アイヌ保護学園を建設するなどの活動などが記されている。

全体を通読して感じることは、イギリス人として北海道に渡来したバチェラーの幾つもの顔である。その顔の一つは、彼が大英帝国の出自であること。そのことは彼が意識せずとも彼の背後にあるものが彼の思想の根底となり、彼に行動させているということを文章の随所に感じることができる。そして明治の初期という当時の日本の時代である。その時代をまた私自身が納得できることもできないことも、彼を通して見ることもできる。その時代とは日本が天皇の国として統一される過程である。バチェラーは時の天皇や皇太子にも拝謁しそれを誇りに思っている。バチェラーが函館に着いたのは、一八六九年に開拓使を設置し、蝦夷を北海道に改名した年から未だ八年しか経っていない。そのころの開拓民の様子をバチェラーは、友人の手紙よって次のように知らされている。

「いく道々に多くの内地より移住してきた人々を見ました。一三〇〇人もおりまして、その内七〇人は二歳以下の子供だと聞きました。これらの人々は開拓に来たのですから皆家をもっておりません。所々に大きな机を立て、また木の枝の上の方にムシロをかけてその下に住んでいるのです。荒れ果てた土地、そうした木や草のぼうぼうと生い茂った中に住むのですから、いろいろ

な虫のためにずいぶん苦しめられているようでした」と、当時の開拓民（屯田兵）の貧しい姿を伝えている。(1)

＊

一方でバチェラーが函館に着いてすぐに経験したのは和人によるアイヌ差別だった。次にあげる言動は知り合った学生たちのアイヌ差別だった。

「アイヌ民族は本当の人間ではない。人とイヌとの合の子だ、人間の子孫ではないからイヌほどクマほど毛が生えているのだ、言葉はあってもごくわずかで悪い言葉ばかりで、食べる物は皆何も料理しない、生のまま食べる、またその外のことも余り野蛮ですからその中にいくことは甚だ危険なことだ」と。

これに対してバチェラーは憤慨心を起こし、「本当にそうであるかないか自分自身で部落に入ってみましょう」と思い、これがアイヌ研究の動機となった。

＊

では、どうしてバチェラーは函館にやって来たのだろうか。どうもはじめはアイヌ研究のためにやってきたのではなさそうである。バチェラーが語るには、こうである。

二十一歳でロンドンの神学校を卒業したバチェラーは、先生の指図で「支那」に行くことを命じられる。当時、香港は一八四二年にイギリス領となっており、バチェラーはそこでの神学の布教を命じられたのだろう。つまり自国の植民地に出向くことになったのである。そのときバチェラーが自分の立つ位置がどこにあるのか、おそらく自覚はなかったのではないか。とにもかくにも一八七五年、バチェラーはイギリス南部のサウサンプトンという港から香港へむけ出発する。

船はフランスのビスケー湾を通過し、一週間後南イスパニアのジブラタルに着く（ヨーロッパからインドに行く道筋にあり、英国にとっては大事な要所。インドは一八五八年イギリスの植民地となる）。そこで船は停泊し郵便物や軍用品を下ろした後、地中海のマルタ島へと向かう。マルタもイギリス領土で軍港になっていた。八時間ほど停泊したのちスエズ運河へと向かう。地中海を進み数日後、船はポートサイド（エジプトの北東部にある港湾都市）に着く。上陸し街を見学した様子を次のように記している。

「この街に入って驚いたことは、各国のあらゆる人種がいたことです。フランス人、イギリス人、ポルトガル人、イスパニア人、ギリシャ人、ユダヤ人、アラビア人、アフリカ人の黒坊、アビシニア人、エチオピア人、ムーア人など数えきれないほど多くの人種が集まっていたところは一寸他では見られぬところだと思いました」と。

それからアデン（アラビア半島南西端の港湾都市、現イエメン共和国の首都）、セイロン島（一八〇二から一九四八年までイギリスの植民地。現スリランカ)、シンガポール(一八一九年イギリスの植民地となり、極東におけるイギリス軍の拠点となる)へ。

さあ、いよいよ目的地の香港である。シンガポールから六日もかかった。バチェラーは、イギリスから共にやって来た数人の学生と共に、英国植民地の教会監督者の主教に迎えられ、カレッジに案内される。その寮に住むことになる。そしてさっそく山にも登り、街も楽しむのだが、身体が何とも言えぬほどだるく、首に大きなおできができてたいへんに痛む。それに夜はイギリスではみたことのない蚊や油虫、ムカデに悩まされる。とうとうマラリア熱にかかってしまった。病気は重くなるばかりで、医者はバチェラーにこう言った。「あなたの身体にはこの土地が合わないのです。もし三日間もここにおいでになったら死んでしまうでしょう。一日も早く寒いところに行かなければなりません。」

ということで、バチェラーは、その日のうちに横浜行きの船に乗った。こうして「神の意思」に反して、植民地の香港を脱し、日本に向かったのである。

大英帝国の子弟として、キリスト教の布教とはいえ世界戦略の一端を担うはずだったバチェラーは、身体的理由からその軌道から大きくはずれることになった。

バチェラーは横浜経由で函館に向かう。函館は江戸幕府による鎖国時も開港(安政の仮条約=米、蘭、露、英、仏の五カ国と結んだ仮条約)され、北海道の玄関口だった。

したがって函館以外に居住することは許されないのでそこを拠点に、アイヌ部落を訪ね歩きアイヌ語を研究し「アイヌ語辞典」（一八八九年）を作る。

一方で教会の長老になるため、東京の神学校で学びなおす。後に彼はアイヌの千人以上がキリスト教の洗礼を受けたと記している。

＊

バチェラー夫妻の養女（二十三歳）になった八重子もその一人で、八重子は八歳のときバチェラーより洗礼を受けている。八重子は現伊達市有珠で一八八四年（明治十七年）に父、向井富蔵の元に生まれている。富蔵はアイヌの有力者である。また弟の向井山雄（一八九〇年生）は、アイヌ民族ではじめての大学出で、伊達町議を四期つとめ、牧師になるなど秀才であった。戦後はアイヌ協会機関誌『北の光』の理事長もつとめている。

今すこし八重子の略年譜（村井紀作成参考）を追ってみよう。

一九〇二年（明治三十五）十九歳・東京の聖ヒルダ神学校に学び、伝道師の資格を得る。

一九〇九年（明治四十二）二十六歳・バチェラー夫妻と共にほぼ一年イギリスに滞在。

一九一一年（明治四十四）二十八歳・バチェラー、有珠に「アイヌ女子の家」を建てる。八重子は「アイヌ夫人友愛会」を組織する。

一九一八年（大正七）三十五歳・中条（宮本）百合子がバチェラー家に三カ月ほど滞在。八重子道内を案内する。

一九三一年（昭和六）四十八歳・三月『改造』に「若きウタリ」と題して二十二首掲載される。四月歌集『若き同族に』（竹拍会叢書、東京堂）出版。

一九五八年（昭和三十四）七十五歳・武田泰淳「森と湖のまつり」に八重子の短歌一九首引用。

一九六二年（昭和三十七）七十九歳・京都滞在中脳溢血により死去。

八重子はバチェラーと共にアイヌ社会や炭坑の朝鮮人のもとに出向き、キリスト教の布教につとめた。一方で特筆すべきは当時としては稀ともいえるイギリスを訪問したことである。そのとき次のような歌を詠んだ。

円形に世界のひとを　満たさんと
大聖堂は　内広らなる

オックスホード　大学校の図書館《ライブラリ》
　世界の書籍　皆ありという

あまりにも　物質文明　すすみゐる
　この大都市に　心をののく

美しき　あまたの人は　花のごと
　園生につどい　微笑みつついきかふ

ロンドンにて学び、街を散策し、きらびやかな歌を詠んだ八重子。だが、「歌集」では、それだけでなくアイヌ語で短歌をよみ、あるいは日本語によってアイヌの窮状を訴え、憂いている。

ウタシパノ仲良くくらさんモヨヤッカ
ネイタパクノ　アウタリオピッタ
(今は残り少なになりはしたけれど、相互に仲良く暮らしていこうではないか、我同族の皆みな)

お互いに　憎みそねみて　滅ぼせし
　ウタリの国土　誰が手にある
ふみにじられ　ふみひしがれ　ウタリの名
　誰しかこれを　取り返すべき
我がウタリ　岸辺はすでに　近かるぞ
　祈りて櫂に　力そそげよ

＊

未だアイヌの研究の夜が明けぬころ、アイヌ研究に灯をともしたのがジョン・バチェラーである。それに続くのが金田一京助となる。その後は、アイヌ自らが表現し、研究する。知里幸恵、知里真志保、金城マツ、違星北斗、萱野茂など。だが、彼らすべてが、バチェラーと金田一と縁の深い人たちである。

また多くの研究者がバチェラーを訪ねた。イギリスの言語学者バジル・ホール・チェンバレンもその一人である。その名前からわかるようにチェンバレンは一八七三年琉球に来たイギリスの艦船ライラ号の艦長バジル・ホールの孫にあたる。チェンバレンは一八七三年に来日し、東京帝国大学の言語学科の教授になる。沖縄には一八九三年に来て一月滞在している。著書に『アイヌ研究より見たる日本の言語神話及地名』『琉球語の文法と辞典』がある。

＊

江戸あるいは明治期における蝦夷、北海道。それは全国から集められた屯田兵の悲劇の地であり、それ以上に土地を奪われたアイヌ民族の悲劇の地でもあった。バチェラーの伝記のおもしろさは、植民者でもある彼が国際都市函館を拠点におき、アイヌの人々と向き合う姿である。

注

（1）後に札幌在住の小林久公氏の話によると屯田兵は給与は出るが、それ以上に悲惨だったのは、本土から自由開拓民として北海道に渡ってきた「部落民」であったという（二〇一一年五月九日談）。

武田泰淳『森と湖のまつり』について

アイヌ民族を主題に小説や物語を書いた作家に、宮本百合子、武田泰淳、新しくは池澤夏樹などがいる。

宮本百合子（当時中条）は、「風に乗ってくるコロポックル」を一九一八年七月に執筆。百合子は一九一八年五月から八月にかけ、ジョン・バチェラーの家に滞在している。父・中条誠一郎は著名な建築家で、北海道大学などの建築にも携わり、幼いころ一家は札幌で暮らしていたこともある。誠一郎とバチェラーは友人関係にあり、その縁で十九歳の百合子はバチェラー家に滞在することになる。当時バチェラー家には養女の八重子がおり、アイヌの物語をたくさん聞いた。八重子と百合子が着物姿で写っている写真が『若きウタリに』（バチェラー八重子著、岩波書店）に掲載されている。日付からすると滞在中に書かれたことがわかる。その直後に百合子は渡米したため、作品は発表されていない。この作品は、百合子の没後、全集（河出書房）にはじめて収録された。

池澤夏樹は『静かな大地』を、二〇〇三年に発表している。まず、武田泰淳の『森と湖のまつり』に挑みたい。

『森と湖のまつり』の背景

作品は、『世界』に昭和三十（一九五五）年八月号から、三十三（五八）年五月号まで連載された。まだ、終戦の残滓が色濃く残る時代から、やがて高度経済成長へと向かう時期だ。そのころ、武田は作品らしきものをほとんど書いてなく、同作品は久々の長編となった。作品を書くきっかけとなったのは、昭和二十一（一九四六）年秋から二十二年春にかけて北海道大学で講義をしたことによる。北大といえば、知里真志保がアイヌ語を教えており、「できたての法文学部は当時は宿舎もなく教員集会所のだだっぴろい二階で、合宿のような生活をした。食糧も乏しかったそのころ、ストーブの火の消えた夜、知里真志保からお話をうかがうのが楽しみだった」と、語っている。

だが、武田は知里だけを頼ったのではなかった。大学をやめて後のことだが、なにより幸運だったのは、新潮社が経済的に援助をして、札幌出身の編集者をつけてくれたことである。「自家用車も拝借してずいぶんわがままをさせてもらった」と、ある。なんと四〇日間もである。書けない状態の大作家にはこうまでサービスして書かせるのか、と思うばかりだが、そのとき会ったのが更科源蔵である。おそらく彼のコタンからコタンへの道先案内がなければ、小説はなりたたなかったかもしれない。テシカガ、クッシャロ、シベチャ、トウロ、クシロ、ワッカナイ、ソウヤに至っている。

さて、先を急ごう。物語の登場人物を紹介しなければならない。ここでは粗筋を書くゆとりがないので、人物紹介を通して内容を想像してもらうことにする。物語は複雑な構成ではない。背景にアイヌ社会があるが、男女の相関関係が主題になっているからだ。

主人公の佐伯雪子。東京から来た画家。二十七歳、アイヌを描くことに情熱を燃やしている。池博士についてトウロへ向かう。風森一太郎と博士の二人を愛する。最終的に一太郎の子どもを身ごもる。

池博士。四十は過ぎると思われるアイヌの研究者。日本人だがアイヌ統一委員会を組織する指導者。アイヌメノコ(アイヌ美人)ツル子と結婚するが別れる。後に雪子に愛情をもつようになるが、最終的にツル子とよりを戻す。

ツル子。ソフィア・ローレンと見紛うほどのアイヌメノコ。池博士と別れた後は、風森一太郎と愛し合うが、最後は池博士とよりを戻す。

風森一太郎。池博士の影響を受けたアイヌの豪傑男。池博士の指令で「アイヌ統一委員会」を組織し、アイヌ基金を集めている。ツル子と愛し合い、雪子とも一夜を共にする。風森ミツの弟。

風森ミツ。初老のキリスト者。アイヌのイレサポ(姉)的存在。先生おど(元小学校教師の日本人)

と結婚したが別れる。

これが、主な登場人物だが、他に湖の近くで宿を営むアイヌのトウロ館、アイヌであることをひた隠して日本人になっている網元などが重要なわき役をつとめる。

題名の「森と湖のまつり」は、森は熊祭り、湖はベカンベ（菱の実）の祭りのこと。この二つの祭りをめぐって男女の愛が交錯するのだが……。


私は武田泰淳という大家の分厚い小説と格闘することになる。北海道だから亜熱帯とちがって、爽やかな針葉樹が天を突くように立っているかと思われたが、実際の山道は蔓草などが絡まり、おどろおどろしい。そこに人間の暮らしの臭いがすさまじく悪臭を放ち、体臭も獣の臭いがする。そんな物語を突き進まなければならないのだ。なにより、私を悩ませたのは、日本人のアイヌに対する悪しき好奇心である。良かれと思っている関心が、差別につながることもある。だから、私はひやひや、ときには苛立ちながら読み進めなければならなかった。

物語の開始とともに苛立ちはすぐにはじまった。主人公の雪子は画家としての好奇心旺盛で、アイヌのことなら、なんでも知りたいと思っている。すでに絵の注文を受けていて、それには部落のアイヌを描きたいと思っている。そのために、彼女はアイヌを観察しなければならない。雪子はアイヌの体毛を見たいと思い、ある人物に所望すると病院が紹介され、そこで雪子は女医になりすまして男女の患者の体を見せてもらうことになる。初めに男の患者。「艶のない黒ずんだ皮膚が、艶を失わない毛を長く生やしていた。白人の胸毛とさほどちがわない量である。骨と皮にやせ細った背や胸に密生した毛だけが黒光りするのが、かえって衰弱のはげしさを語っていた。渦を巻いている毛もあった。」と観察している。次に見たのは女性患者。風森ミツ。本物の医師の指示にしたがって患者は服をとる。「背部の毛はかなり深かった。背骨をめがけて両側から伸びた毛は、草を折り伏せたように肌についていた。小さく巻いたり、左右に分かれたりして、毛は背すじを流れ下っているように見えた。毛はミツの精神とは無関係に、わがまま勝手に生えていた」。この女性患者は後に深い関わりをもつことになる風森ミツである。

一九八〇年代に、ある旅行会社が「毛深いアイヌを見にいこう」というパンフレットを作った。これが問題になったのはいうまでもない。

一般的にアイヌ人は毛深い。日本人は毛が薄い。沖縄人は毛深い。中国人は毛が薄い。西洋人は毛深い。いったいこれに何の意味があろうか。風土と人間の生理は関係があるので、それぞれ必要な場所に必要に応じて体毛は生えている。だが、人々は美意識と官能的な欲望で、様々に処理している。今、女性の脛毛や腋は処理しなければならないものになっているし、男性は髭を剃る（文化的に髭を長くする人々もいる）。古代、ギリシャ市民の女性たちは、陰毛をおとしてピカピカにしたともある（アリストパネース「女の平和」）。ただし男の「毛むくじゃら」は勇者の証とされた。

こんなことで、私はくどくど書くはめになっているが、一方で一九〇三年の大阪天王寺で行われた「第五回内国勧業博覧会」で設置された「学術人類館」の事件を思いおこさずにはいられなくなる。人類館では、中国人、朝鮮人、アイヌ人、沖縄人、台湾原住民が「展示」された。雪子はそれを知らなかったわけではあるまい。

「アイヌの苦悩」とアイデンティティ・クライシス

次は雪子が、なぜ池の妻になったのか、そして別れたのかなどとツル子に問う場面。問いに答えた後、自嘲気味に話すツル子の言葉。

「アイヌが厭で厭でたまらない気持ち、これだけはわかってもらわないと困るよ。アイヌが自分で自分がアイヌであることが厭で厭でたまらなくなる。アイヌにくっついた物みんなが、たまらなく厭になって、アイヌなんてさっさと消えてなくなれ。どうせロクな奴らでない。文明人じゃない。つばひっかけて……」と、徹底した自己否定である。だが、そういっておいて次のようなことを言う。「（自分を）ふみにじりたくなっているとき、そんなときに案外、あたしが本物のアイヌになってるもんなんだよ。憎がったり厭がったりするところまでいかなきゃ、ほんもののアイヌは出てこないんだよ。あんたみたいに、同情したり、可愛がったり、見よう見ようとして近寄ってきたりするうちは、アイヌの方で遠くにいっちまうんだよ」。

これに、特にコメントはいらないだろう。それにしてもツル子にそこだけ言わせる、日本の差別政策、同化政策とはいったい何だろうか。小説では、そこまで踏み込んではいない。その弱さを感じさせるのが、池博士がリーダーになっている「統一委員会」の目的と、具体的な活動がほとんど描かれていないことである。アイヌの結束のための組織ということを、ぼんやりと匂わせているだけである。この小説の骨組みの弱さがあるとすれば、そのへんに起因しているのかも知れない。

アイヌの滅亡

風森ミツの言葉である。

「アイヌの滅亡のことを考えるとき、いつもおらは、それを考えるのよ。神様はどうして、アイヌの滅亡をお望みになったのだろうか。何でも経済学や政治学では、どんな人種、どんな民族が滅亡するのか、繁栄するのか、もうみんな研究が進んでいるそうだけどな」。

次は池博士の言葉である。

「シャモがアイヌを征服したのも運命だ、アイヌが滅亡しかかってるのも運命だ、アイヌのなかの多くの者までが、今ではそう考えはじめているよ。どうせ復活できっこない小さな過去にこだわらずに、日本人の労働者、農民の仲間として前進する。アイヌだウタリだとかセクト的にかたよらずに。これは進歩的なアイヌ青年が事実考えていることなんだ」。ただ池博士は、これを肯定しているわけではない。当時の状況を雪子に説明している場面である。だから彼はアイヌ統一委員会を組織しているのだが。

小説の中では、アイヌ自身による、アイヌは滅亡するのだという悲観的な会話が多数存在する。日本の同化政策が、ここまで「自己否定」を促しているのだろうか。

物語の結末はといえば、素性をかくして日本人になりすましていた網元はアイヌとして名乗り出る。風森ミツの元夫の先生おどは湖に身を投げて溺死する。池博士とツル子はよりを戻し、雪子は風森一太郎の子を身ごもるというところで幕がおりる。一太郎は「決闘」で勝ったものの、森から戻ってこない。あっけない、といえばあっけない。ここにはアイヌの未来を予測させるものはなにもなく、もの足りなさだけがのこる。そんな時代だったのだろうか。

小説の中ではバチェラー八重子が実名で出てくる。小説とはいえ、すべてが武田の創作ではなく、かなりの真実が語られている側面はあるだろう。ただ、作者特有の人間の暗部をえぐりだそうとする手法がここでは成功しているかどうかといえば、あまり成功しているとは思えない。アイヌ民族の人権回復闘争の中で、ついに日本の国会が、「アイヌ民族」を認めざるをえなくなった今日からすると、この作品が随分古色をおびた感じがしてしまうのだ。

とはいえ、この作品をまだ私は十分に読み切ってはいないという思いが残っている。作者がほんとに言いたいことは何だったのか。差別する側が、差別されている側を描くことはできるのか。

私は、武田の作品を二、三読んだだけでほとんど知らない。膨大な作品群の中から以前読んだことのある『ひかりごけ』を再読した。この作品は『森と湖のまつり』より一年前に発表されたもので、物語の舞台はやはり北海道である。太平洋戦争末期、船が遭難する。船長と他に三人の船員がいる。四人は初めに餓死したものから次々と人肉を食べ、最後に船長が生き残る。物語は、「私」の語りから途中で戯曲に転換し、最後は人肉を食べた船長を裁くという法廷の場面になる。

船長は検事にむかっていう。「あなたに裁かれても裁かれたとは思えないと申し上げているのです。理由は、検事殿が、他人の肉を食べたこともないし、他人から自分の肉を食べられたこともないからです」。

また、武田はこうも書いている。「殺人は文明人も行い得るが、人肉喰いは文明人の体面にかかわる。わが民族、わが人種は殺人こそすれ、人肉喰いはやらないと主張するだけで、神の恵みを享けるに足りる優秀民族、先進人種と錯覚してはばかりません」と。

『ひかりごけ』を読むと、自らの欺瞞をあばかれたようで顔が赤らむのを、私は感じる。人肉を食べた者だけが発する首の後ろの光の輪が、私にもあるのではないかと怯えてしまう。『ひかりごけ』は、そんな人の深部を描いている。

とすれば、武田はあえて『森と湖のまつり』の中で人のおろかさを描こうとしたのだろうか。

チカップ美恵子さんのこと

あふれる思いはたくさんある。でもそれは言葉にならず、心の奥深くにしまいこまれたままになっているのも多い。交流のあったチカップ美恵子さんのこともそうだ。彼女は二〇一〇年二月五日急性骨髄性白血病のために突然亡くなられた。

チカップさんは、私と同じ年。一九四八年の生まれだ。『月のしずくが輝く夜に』(現代書館、二〇〇三年)の著書の肩書には「アイヌ文様刺繡家」とある。刺繡家として数多くの個展を開いており、リバティー大阪の人権博物館で企画された個展には(九七年ごろ)、私も沖縄から出かけた。キルトと刺繡の奏でる布の芸術はアイヌ文様の優しさと激しさが縫い込まれていた。作品はカレンダーにもなっており今でも大事にもっている。

チカップさんの仕事や活動は多様である。写真を無断で掲載し、「滅びゆく民族」として紹介されたとしてある雑誌社を訴えた「肖像権訴訟」(一九八五年)は有名だ。そしてアイヌ民族の人権問題などを訴えるために、世界各国の会議にも参加してきた。

一方で、チカップさんとは、国立民族学博物館が主宰する『『伝統』の表象とジェンダー」に関する研究会に共に参加していた。彼女は北海道から、私は沖縄からの参加で、大阪万博記念公園会場のすぐ近くのオオサカ・サンパレスホテルに同宿した。そのとき、冒頭で紹介した著書を校正していて、そのゲラを見せてもらったことがある。読ませてもらったわけではないが「今、これをやっているの」と、言っていた。夜、ホテルに戻ると校正ゲラと向き合っていたのだろう。

同研究会は、学習院大学の美術史を教えておられた千野香織先生が中心にやっている研究会で、韓国の美術史をやっている人や、福岡近代美術館の関係者などがいた。私がその研究会に声をかけられたきっかけは、チカップさんの紹介によるものだったと思う。そのころチカップさんと私は「女性原型と語りなおし」という副題のついた『山姥たちの物語』(二〇〇二年、学藝書林)に、チカップさんは「アイヌ民族の女性の誇りをつむぐ——創世神話と精神世界」を、私は「沖縄の女性原型——族母としてのノロと弾圧されるユタ」を共に執筆しており、その縁によるものだった(同書は水田宗子他一一人の書き手がいる)。

ところが、中心の千野先生が若くして急死された。

私は結局お会いする機会を失った。私が最初に参加した研究会は奇しくも追悼会となり、民族博物館の台所でチカップさんの友人のロシア料理研究家の吉田和子さんが、ロシア料理の腕をふるい、その料理をいただきながらの追悼会となった。そこには千野先生と親交のあった高橋哲哉氏も特別に参加されていた（当時の博物館は料理の大好きな石毛直道氏が館長をされていたので、館内は食べ物の匂いで満ちていたように思う。台所が開放されていたのだろうか？）。そんなわけで、その研究会は私にとって、とても思い出深いものとなっている。その研究会は二〇〇二年三月七日の日付になっており、その後、何度か参加する機会を得た。ところが、あるときから、チカップさんの姿が見えなくなった。そのとき私は、きっと執筆に忙しいのだろうと勝手に思っていた。というのは、自身の本の出版と同時に、叔父にあたる山本多助翁（エカシ）の伝記をまとめたいとも言っていたからだ。チカップさんは仕事をやりだすと集中する。たとえば食事はまとめてシチュウなどを煮込んでおき、何日も家にこもって針をさすという。多分文章を書くときも同様なのだろう。そのうち、研究会は終わってしまったが、チカップさんは姿をあらわさなかった。その後、彼女とは一度だけ手紙と贈り物を交換しただけで、ついのお別れとなってしまった。贈り物は、コンブだった。細いコンブを手鞠のように巻いたものや、北海道や樺太の様々な地方のコンブだった。ひとつひとつにコンブの名前と説明書きがあったが、そのメモをなくしてしまったのが惜しまれる。私からのプレゼントはフィリピンに行ったおりに手に入れた、貝の匙やフォーク、シャンデリヤ風の貝飾りだった。

チカップさんは、喜怒哀楽の激しい人だった。いつもニコニコしていて、一度笑いはじめると、ころころといつまでも笑いころげていた。だが、いつだったか、一九九五年ごろだったろうか。

喜納昌吉さんが、八日（エイトデイ）コンサートと題して、八日間連日コンサートをしたことがある。私が連日司会をすることになった。思えば無謀なことをしたものだと思うが、そのときのことだ。毎日ゲストを招いていたが、ある日、チカップさんが北海道からかけつけてくれた。当時の喜納さんのエネルギーは並のものではなく、当日になってイメージがどんどん膨らみ、出演者も増えていく。はじめのプログラム通りにはいかなくなってしまう。そのうちにチカップさんが不機嫌になってきた。そうなるとどうにもならなくなる。なかなか笑顔にはもどらない。司会をつとめる私もどうしていいかわからず、お互いに辛い思いをしたことがある。好きと嫌いがはっきりしていて、意に沿わなくなると口を利いてもらえない人も多くいた。常に涙を流し、血を流し続けている人だと思った。

『新日本文学』（二〇〇四年三・四月合併号）に、高良留美子氏の紹介で『月のしずくが輝く夜に』の書評を書かせていただいたことがある。最後にその一部分を再録させていただく。

　学問の世界では、それぞれの民族や地域に伝わる歌謡や物語を比較研究する。その方法でアイヌ民族のユーカラや琉球の神歌やオモロを比較研究すると、多くの共通の古代的表現や精神世界が見いだされるにちがいない。

　しかし、私はチカップ美恵子の描くアイヌの物語や詩を、琉球のそれと「比較」ではなく一つの「世界」として受け止めた。彼女がアイヌの物語を語るとき、それを単なる伝承として語っているのではなく、彼女自らが物語（神話）を生きたものとして再生し続けているからだ。だから、私も彼女の息づかいを感じながら、私自身もまた物語を再生していることに気づく。

チカップさんは、アイヌ文化の研究者ではなく、そのものとして生きた人であり、創造者であった。詩人としての感性はまた、新たな物語をつくりつづけていたともいえる。

天上界の雷神が、女神の樹木神であるチキサニ姫に恋をして、彼女をめがけて落下した。チキサニ姫は六日六夜燃え続けて燃えさかる火の中から赤ちゃん、アイヌ・ラックル（アイヌの大地）が誕生した。そしてチキサニ姫の根元にはあかあかと燃える炭火があった。その炭火はアイヌ民族の暮らしの中心になるいろりに鎮座し、アイヌ民族の暮らしを見守る火の神「アペ・フチ・カムイ　火の女神」になられた。

私は、この美しい火の神の誕生神話を読んで、沖縄の火の神の産みの親はもしかして、アイヌ・ラックルなのかと想像してしまったくらいだ。

チカップさん、私にはまだ、あなたの息づかいが聞こえてくるようです。そのうち、私も会いにいくからね。

アイヌ語による「アメイジング・グレイス」

バチェラー八重子と交流があり、「風に乗って来るコロポックル」（一九一六年作）を書いた宮本百合子の作品などまだまだ書かなければならないことはたくさんある。が、そのことは次にとっておくことにして、今回は少し寄り道をしよう。

二〇一〇年十二月十九日にアイヌ出身のジャズ歌手熊谷たみ子のコンサートを横浜で聞き、三日後の二十二日には東京で劇団文化座による「銀の滴　降る降る　まわりに・首里一九四五年」を観劇した。そして幸運なことに年明け早々に沖縄県立博物館・美術館でアイヌ工芸品展「アイヌ・美を求める心」を見ることができた。そしてさらに幸運が二度起きた。熊谷たみ子が沖縄大学にやってきたのである。二月十二日「沖縄大学土曜講座」に招かれたもので、映画「首都圏に生きるアイヌ民族」の上映とシンポ、そしてコンサートである。このようなことはめったにないことなので、その感想などを書き留めておきたい。

新横浜で行われた熊谷たみ子のコンサートは、オルタナティブ生活館（生協）の地下のホールで行われた。少し早いクリスマス・コンサートで小さなホールを満席にした。私は『東京新聞』に掲載された熊谷の記事を読んだのが、彼女を知るきっかけとなった。

熊谷たみ子は一九五二年生、北海道の十勝管内本別町に生まれる。「アイヌ差別のない」という東京にあこがれ中学卒業後上京した。仕事をしながら夜学にかよったが、東京にもアイヌ差別はあった。アイヌということを隠して二十代でジャズ歌手に。その前には立木マリなどの名前で演歌を歌っていた。

転機は二〇一〇年六月に開かれた「アイヌ感謝祭り」（首都圏のアイヌウタリ連絡会主催）に参加したときのことで、「アメイジング・グレイス」（すばらしい神のめぐみ）をアイヌ語で歌った。この歌は十八世紀に奴隷船の船長から牧師になった英国の白人ジョン・ニュートンが作詞したもので、アメリカでは黒人奴隷たちに歌い継がれた（『東京新聞』より）。

たみ子はこの時初めて自分がアイヌ民族であることをステージで告白した。そして「アイヌプリ　ソンノ　クラマスイ（アイヌの生きかたを私は本当に愛している）」と歌った。ステージで見る彼女は小柄でふっくらとしていた。そしてユーモアたっぷりに「私、着せ替え人形のよう。ある衣装を全部持ってきちゃった。だってもう着れなくなるかも知れないから」と言う。たみ子は、癌におかされ医師からは余命一年と言われた。

劇団文化座公演の「銀の滴　降る降る　まわりに」は、「首里が陥落する前」の運玉森《ウンタマムイ》にある与名城家が舞台になる。この作品は劇団をひきいる、佐々木愛が「南北の塔を見て私が素朴に、何でアイヌの人がここで亡くなったんだろう」というところから始まったという。南北之塔とは糸満市真栄平にあるアイヌ民族出身の兵士を祀っている塔である。

「一九四四年七月の米軍サイパン占領により、第二四師団第八九連隊（旭川）は陸軍大本営直属三二軍に編入され、満州から沖縄に移動となりました。この作品に登場する炊事班はこの部隊に所属しており八月下旬に沖縄に到着しました」。それから一カ月経過したところから、一幕が始まる。

全体の筋はここでは省くが、ここに登場するのは「いわゆる日本兵」「アイヌ出身の兵士」「沖縄人の兵士」「ムラ人」である。佐々木愛は与名城家のオバー役である。この人物設定を見ると、ほぼテーマが想像できるだろう。

沖縄出身の中里、アイヌ出身の富田。二人はそりがあわない。なにかと言い争っている。富田は中里に道案内されることも気に入らないし、誰が先で後かということも喧嘩腰でジャンケンで決める始末。「じゃんけん」と富田が手を出せば、中里は「ぶーさー」と言う。これは差別された者同士の屈折した感情を描くという設定かもしれないが、私にはじゃれ合っているようにしか見えなかった。

全体として甘い、そう思った。場所の設定が運玉森というのも、義賊「運玉ギルー」のことを、ヤマトから見れば調子はずれのオバー（イト）に語らせるためである。ここでも笑いをさそうが、しかし、西原一帯の戦争犠牲のことは何も出てこない。

もっとも、これはこの芝居の意図なのだ。パンフレットに掲載された鼎談の中で、演出の黒岩亮が「登場人物一人一人が殺伐としている軍隊ではあるのですが、愛すべき人にみんななっているというのがいいですね」といえば、佐々木愛が「とにかくドンパチをやらない戦争ものにしようと。それを炊事兵に絞った発想が良かったんでしょうね」と返す。脚本を書いた杉浦久幸は「南北之塔というのが発端としてあって、そこから想像していったのが今回の舞台ですね。実際に南北之塔を見たことがないのだけれども、愛さんの話とか、黒岩さんを交えて話をした時に一番感じたのが、沖縄戦に入らざるを得なかったアイヌの人たちの思いをどこまで僕等が想像できるのかということ。それが今回の作品のメインになるんじゃないかな、と。史実はおろそかにできないのだけど、そこの中で人間をどう描くかということですね。」

劇を見ながら、私は次第にいらいらしてきたわけも、この鼎談を読んでやはり、そういうことなのかと、思ったものだ。

最後の場面に近づくころ、小隊長の小野寺が沖縄人の区長に言う。「戦闘になれば、あんたたちにかまっていられなくなる……こんなこと言うと銃殺ものだが……アメリカが上陸したら日本軍が勝てないよ、首里の司令部が陥落すれば恐らく終わりだ、それまでガマに隠れていたらいい、その後で……降参しなさい」。そんなことはできないという区長に対して、さらに小野寺は言う。「捕虜に対しては国際条約で保護協定が結ばれている、よっぽどの扱いは受けないはずだ、まあ、アメリカを信じるしかないが……」(脚本より)。

日本兵の小隊長はそこまで善人である。沖縄に帰って、知人にそのことを話したら「そんな人がいてもいいいんじゃない」とあっさり言われたが、私としては納得していない。

沖縄大学土曜講座で上映された「TOKYOアイヌ」。二時間の長編ドキュメンタリーである。今、首都圏には一万とも五千とも言われているアイヌの人たちが住んでいるという。実数はわからない。「なぜ、東京に住むのかという問いはナンセンス。東京に行きたくて行くのではない。構造的に仕向けられているのだ」と、語る男性。

この映画は、東京で暮らすアイヌが民族意識にめざめ、アイヌのために組織「アイヌウタリ連絡会」(九六年)を結成し、国会で「アイヌ民族を日本の先住民族として認めることを求める決議」(二〇〇八年)がなされるまでのことを描いている。というと政治的に聞こえるがそうではない。都会の中で孤立し差別されて生きてきた個人が、それぞれに証言する。それが結果としてこれまでの日本社会を告発することになる。

今、日本のアイヌ民族は圧倒的多数が北海道に暮らしているが、ニュージーランドでは伝統的コミュニティを離れて、都市やその周辺に暮らす先住民族の方が多いという。

「伝統的コミュニティから切り離されて、文化伝承を行う困難さ、それに伴う先住民族としてのアイデンティティの希薄化、都市先住民族に対する政策の不十分さなどは、今や先進国の都市で暮らす先住民たちの共通の課題です。『ＴＯＫＹＯアイヌ』はそうした先進国の都市で暮らす先住民たちが抱える普遍的な状況を描いた作品だといえます。また、都市で暮らす先住民たちは、先住民の文化は伝統的な土地と結びついたものだという固定観念を超えて、都市先住民としての新たなアイデンティティを作りあげようとしています」。

（パンフレット「ＴＯＫＹＯアイヌ」）

一人アイヌ民族だけの問題ではない。本土で暮らす「在日沖縄人」はどうか。さらに「在日朝鮮人」は。さらにさらに「在日台湾人」はどうだろうか。日本帝国の問題はまだ引きずったままである。

池澤夏樹『静かな大地』を読む

池澤夏樹による『静かな大地』は、淡路島の洲本からアイヌ・モシリ（アイヌの静かな大地）へ開拓団として渡ったある家族の物語である。

小説は二〇〇一年六月十二日から翌年八月三十一日まで『朝日新聞』朝刊に連載され、その後、毎日新聞社から一冊にまとめられ、六〇〇頁余の長編となった。物語は、淡路島の洲本から宗形乾を筆頭に妻、長男の三郎、次男の志郎が北海道の静内に移住し、アイヌの地を開拓するところから始まる。そして後にそこで生まれた志郎の娘由良が、父から聞かされた話の記憶と父と懇意にしていたアイヌのオシアンクルやシトナの話、そして由良からすると叔父にあたる三郎の日記を紹介する形で物語は進行する。三郎は札幌官園（後の札幌勧業試験場）の農場に学ぶが、そこから弟の志郎に手紙を書いていた。

ところで、小説の語り手となっている由良は、作者池澤夏樹の母澄子の母、すなわち祖母の山下らくがモデルになっている。資料にはらくのことが次のように記されている。

「一八八九年七月生まれ。本籍地は北海道静内郡静内村。旧姓は原條。同家は一八七一（明治四）年、静内に開拓入地した淡路稲田家の士族。らくの伯父原條新次郎は遠別開拓に功があり、記念碑にその名を刻まれている。碑文には『遠別および布辻の地は、遠く蝦夷の時代より樹木鬱蒼として狭く、川下の湿地は葦原にて荒涼となし、僅かに音江周辺に住むアイヌの格好の狩猟地であった。明治十一年旧稲田藩士族原條新次郎は、此処を新天地と定め、将来農牧の方針を建て、布辻川西岸の奥地へ杣夫及び小作人を入地して開墾を始めた』」（『新潮』平成二十二年十月号、福永武彦戦後日記より）とある。このらくの伯父原條新次郎こそが、由良の語る物語の主人公である。

池澤夏樹は帯広で育った。この物語を理解するには池澤の出自を知る必要がある。池澤夏樹は、文学者の父福永武彦と母澄子の間で生まれた。澄子はらくの次女で神戸で生まれた詩人。詩集『原條あき子詩集』などがある。原條あき子は筆名である。

池澤は自らの出自をこれまであまり語ってこなかったが、『新潮』（平成二十二年十月号）で「福永武彦・戦後日記」が発表されることによって、夏樹と父の関係があきらかになった。池澤は「福永日記のこと」（同新潮）の中でこう記している。

「武彦と澄子は一九四四年の九月に東京で結婚した。翌一九四五年の七月に澄子の親たちが住む帯広で僕が生まれた。戦火を避けて澄子と武彦は共に四月に帯広に移っていた」。

しかし武彦は結核をわずらい入退院をくりかえし、一九五〇年の年末に武彦と澄子は協議離婚をする。澄子の方も神経をわずらっていたらしい。夏樹は祖父母と叔母のもとで育つ。澄子は池澤喬と再婚する。

以上が、物語の背景である。したがって物語は祖父母の体験をもとに書かれたものであり、同時にアイヌ・モシリの大地が開拓されゆく様を、開拓移民の目を通して描かれている。

物語をわかりやすく話すとこうである。南の淡路島からやってきた一家が、北海道に入植するが、大黒柱である宗形乾はアイヌの人びとと親しく付き合い、信頼する友人もできる。その息子の三郎はやがて札幌官園の農場で学んだことを生かして、静内の地に牧場を拓き、そこで馬を飼育する。土地を開拓するにあたっては、親しく交際のあったアイヌのオシアンクル、シトナと協同で行う。牧場にはそこで働く者たち、アイヌも和人もいっしょに食事をする大きな家もある。牧場は一種のコミューンの形をなしていた。だが、アイヌと仲良く牧場を経営する彼らを、まわりの日本人たちは、とりわけリーダーである三郎のことを悪意で見るものが多かった。そして、ついに、ある日農場の小屋が火事にみまわれる。あきらかな放火であった。そこから牧場は崩壊の一途をたどる。また追い打ちをかけるかのように三郎の妻がお産の際、子供を死産し、母親も出血が止まらず死亡する。三郎はあとを追うように自らの命を絶つ。

由良のゆったりとした語りではじまる物語は、由良の士族の出らしい優雅な言葉づかいもあいまって、和人（開拓民）とアイヌの葛藤があるにしても、善人ばかりが登場する。つまりここではアイヌ差別というよりもアイヌとの友愛、信頼を描いている。正直なところ私はそのことにもどかしささえ感じた。それだけに最後の悲劇は胸にこたえた。そういう意味では物語の手法としては成功しているといえるだろう。

池澤が淡路島からきた開拓の子孫であり、その開拓民の物語を書いている以上、ある種のもどかしさ、すなわち土地を奪われ略奪されるアイヌの立場があまり描かれていないというのは仕方のないことかも知れない。『静かな大地』は明治初期の開拓者の栄光と悲劇の物語とでもいえようか。そういう意味では武田泰淳の『森と湖の祭り』の方が、逆説的な意味で日本人のむきだしのアイヌ差別が浮き彫りにされていたように思う。

しかし、一方で池澤は別のことも言いたかったのではないか。物語の中でアイヌは友人として描かれている。実際、開拓民は不慣れな土地でアイヌの智慧を学ぶことなしに暮らすことはできない。物語でもアイヌ語を覚えていく和人の子供たちの姿がある。貧困にあえぐ開拓移民の一家がアイヌに赤ん坊を預けることもめずらしくなかった。三郎の妻雪乃（エカリアン）もアイヌに育てられた和人の娘であった。

宗形三郎についてふれておこう。三郎は淡路島で生まれ、八歳で旧藩の人々と共に静内に移住してきた。十六歳で札幌の官園に入る。そこは、開拓民の子弟に、新しい農のやり方を教えるための一種の農学校だ（クラーク先生のいた有名な札幌の農学校ではないらしい）。官園では若い人を集めて畑と牧場のことを教えた。三郎はそこで珍しい作物を見、食した。馬鈴薯やトウモロコシである。そのころまではまだ日本では栽培されていなかったのだ。馬鈴薯は後にバッタ異常発生で、畑のものすべてが被害にあったとき、地下茎の馬鈴薯だけが被害を免れ、それを窮地に追いやられたアイヌの人たちにひそかに配り、自らも救われた。

三郎は十六歳で家督を継ぎ、馬の牧場を営むための計画をたてる。遠別にこれぞという土地が見つかったときのこと、そのとき、アイヌのシトナが異議を申したてる。そのときの会話をここに引用しよう。

「ほんとによいところが見つかった。早速にも札幌に行って、開拓使本庁に土地の払い下げの申請をしよう。一人一〇万坪が限度ということだが、私ならばもう少し融通がきくだろう」（三郎）。

「なぜだ」（シトナ）。

「北海道の土地はすべて開拓使が管轄しています」（三郎）。

「なぜ、この土地の所属をシサムのヤクショが決めるのか」（シトナ）。「それは、アイヌモシリは今は北海道となって、日本のものになったからですよ」（三郎）。「納得のいかないことだ」「わしは今日はじめておまえたちをここに案内した。これまで和人をここに連れてきたことはない。一目見ただけでどうしておまえのものになるのだ」「いつから、どういうからくりで、和人のものになったのだ」（シトナ）。「それは、ロシアが攻めとろうとしたからです。そうなっては困るから、日本が取ったのです」（三郎）。「だいいち、日本のものとすると決めた時に、わしらに一言でも相談があったか」（シトナ）。

そのような双方の葛藤と反目があったのち、三郎はアイヌと力を合わせて、つまり協同で牧場を拓くことになる。明治十二年の春のことだった。原始林を伐採する。小屋を建てる。畑や牧草地をしたてる。数年たつと野馬を集めて飼育した馬も増え、道内各地の移民へ売られていった。牧場が勢いを増してくると、陸軍も得意先となり軍馬を注文してくる。だが、このように勢いづくアイヌと和人の協同牧場を、移住者で組織する静内有会は、三郎を国賊として見た。お上もほってておかなかった。

三郎の死は牧場の崩壊を意味した。牧場の経営に他者が入ってくる。するとアイヌの排除がはじまり「チコロトイ」（我らの畑）でなくなった。こうしてアイヌと三郎たちの牧場は崩壊した。

日高の静内は、かつて松前の支配に抗して戦った英雄シャクシャインが拠点としたところである。平取《びらとり》や二風谷《にぶたに》からもさほど遠くない。

私は平取を通って二風谷に行ったことがあるが、静内の歴史を知らず、そこに足をのばすこともなかった。今は静内という土地のひびきをいとおしく思う。

『静かな大地』は、ある一族の、あるいは作者の出自とアイデンティティを問う作品である。声高にならず書き進める忍耐が、逆にアイヌと開拓者の苦難と悲劇を際立たせているようにも思えた。

津島佑子『ジャッカ・ドフニ』

津島佑子の遺作・長編小説である。副題に「海の記憶の物語」とある。「ジャッカ・ドフニ」とはトナカイ遊牧民ウイルタの言葉で「大切なものを収める家」という意味、つまり資料館である。サハリンの少数民族ウイルタ出身のゲンダーヌ（日本名・北川源太郎）が創設した。

物語は、「わたし」が八歳になる男の子を連れて、北海道のシレトコ（知床）にある知り合いの別荘を訪ねるところからはじまる。時は、東北・関東大震災、福島原発から六カ月後のこと。

物語は、現在に生きる私と、私が遭遇した過去の物語を語るという、二重の物語になっている。物語の一つは、八歳で亡くなった息子とともに訪ねた「ジャッカ・ドフニ」と、息子の思い出を重ねた物語。子どもの父親は存在するが、共に暮せない事情がある。実際に子どもを亡くした津島の繰り返し出てくるテーマでもある。

そしてもうひとつの主題は、隠れキリシタンとして、ツガル、ナガサキ、アマカウ（マカオ）、バタビアを漂泊する少女チカップ（チカ）と少年ジュリアンの物語である。時代は一六二〇年前後。

チカわずか五歳。ジュリアン十三歳。信仰の厚い隠れキリシタンや宣教師（ポルトガル人のパードレ）にまぎれて日本を出る。ジュリアンは、将来パードレになるために、チカはその妹として。

二〇一七年の今、西洋・米国で難民、移住者の問題が国を揺るがす大きな問題となっているが、ジュリアンとチカップも異教徒ゆえに迫害を逃れて日本を出国する難民となる。難民という言葉がふさわしいかどうかはわからないが、チカにとって日本もマカウ（マカオ）も安住の地ではなかった。

キリスト教への弾圧を題材にした小説は遠藤周作の『沈黙』や石牟礼道子の『春の城』がある。本書もキリスト教弾圧の物語の要素を強くもっている。ただ、本書の特異とするのは、北方少数民族やアイヌの娘を登場させたことにある。日本人の異族や異教徒に対する差別や迫害を浮かびあがらせている。

ゲンダーヌのこと

彼は、南樺太のサチというウイルタの集落で生まれた。

「日本時代の南樺太には、三百人ほどのウイルタが住んでいたらしい。アイヌのほうがずっと多くて、千五百人以上居住していたという。以前はギリヤークと呼ばれていた狩猟生活を営むニブヒも住んでいたし、ヤクート、エヴェンキ、ウデヘなども少数ながら住んでいた。タライカ地方はすでに日本人による開発が進み、トナカイ遊牧民であるウイルタは、遊牧生活ができなくなっていて、オタスの杜に移住させられた。そこはドジンを放り込んで見世物にする囲い場で、シシャ（日本人）が珍しがって見にきたり、土人教育所でもあった。」

後にゲンダーヌは北川源太郎と名前をかえ、アバシリに「ジャッカ・ドフニ」と「キリシエ」を建設した。キリシエは戦争の犠牲になったサハリン少数民族のための慰霊碑である。ゲンダーヌの幼な友だちばかりがそこにいる。日本は当時の樺太にいた青年たちを正規の日本兵として認めないままでいる。そのいきさつが、少数民族の伝統や文化が「ジャッカ・ドフニ」には展示してある。

チカの出生（ねんねのお舟の物語）

チカは、日本人にてごめにされたアイヌの少女の子である。

「ひとりのシサムの若い鉱夫がひどく酔っぱらった。男はふらふらと、輪を作って踊る美しいひとりの少女に近づいた。」このようにして少女は林の中で男に押し倒されたのだが、夜おそく林の中まで捜しにきた両親に、「わしはこのおひとの妻になりました」と少女は男から離れない。男は男で「やわらかな少女の体を抱いて眠るのは、日々の疲れが消えていくような心地よさだった」。というわけで仮小屋を作りそこを寝場所とした。「しばらくして少女のおなかがどんどんふくらみはじめた。ある日、男は少女をともなって、山をおりた。」

だが、男は少女が寝ている間に姿を消した。おなかの大きい少女はくる日もくる日も雪の中を男を捜して歩き続け、ついに道の脇で力尽きた。気が付くと藁を敷きつめた納屋の中にいた。こうして少女は旅籠で働く下女に救われ、チカを産んだ。その後、少女は三歳のチカを残して死んだ。

ツガルからナガサキへ向かうチカとジュリアン

母を失ったチカは、三歳で軽業一座に売り渡される。夏はマツマエ（エゾ）、冬は船でツガル、アキタと渡り、親方の家族の暮らす家で過ごした。一座は子どもばかりで、その中でもチカは一番幼かったが、宙返りの練習をさせられていた。だが口もきけず耳も聞こえない、のろのろした子と思われていた。そして三度目のマツマエから、ツガルに向かう船で、パードレ一行と乗り合わせた。そこにジュリアン少年がいた。チカは五歳になっていた。

パードレは信徒らとエゾ地を巡り、ツガルに渡るところだった。ジュリアンはミヤコに住んでいたがキリシタン迫害により一族でツガルに流されていた。ジュリアンは、神父になるため、ポルトガル人のパードレ（神父）らと共に、アマカオ（マカオ）に渡るため、ナガサキを目ざしていた。チカは、そのジュリアン一行に見出されたのだった。まだ五歳に満たないチカをパードレは抱き取った。軽業一座から引き取られたチカは、ウデが赤毛に埋もれたパードレのウデに抱かれて、その一行の一員となる。以来ジュリアンはチカの兄的存在となった。信徒らはキリシタンであることを見破られてはならず、パードレは貧しい鉱夫に変装した。日本語もおぼつかないので、黙りこくった。

キリシタンとは東アジアにおけるカトリック信者をさす。日本への伝道は一五四九年フランシスコ・ザビエルによる。豊臣政権、江戸幕府により弾圧を受ける。

さて、物語は、ナガサキに着いた彼らがアマカウ（天川）に向かう。舞台はシナ人、ポルトガル人、日本人も暮らす、マカオに移る。

ここから先は、読者自身で物語を追ってほしい。異国でジュリアンとチカはどうなるのか。最終章でチカ（チカップ）は、「どこにおるんかわからんジュリアンしゃま、チカップは兄しゃまと、なして、はてしなくひろかせかいで、あのように出会うこつができたんやろう。」と、届くはずのない手紙を書く。

台湾原住民文学とは何か

いわゆる「台湾文学」と「台湾原住民文学」はちがう。ひとことで言えば「台湾原住民文学」は、一九八〇年代の台湾の民主化のなかから生まれてきた新しい文学であり、原住民族が自ら表現者として自分たちの世界を描いた文学といえよう（下村作次郎・解説「台湾原住民文学とは何か」『台湾原住民文学選1』より）。以下、下村の解説にたよって説明する。台湾の人口は二千二百万人を超えるが、住民はおよそ大きくわけて四つのエスニックグループからなる。福人（福建系）七五％、客家人（広東系）一三％、外省人（主に四五年以降台湾に移り住んだ人々）一〇％、原住民二％となる。原住民は一〇族（二〇〇二年）と認定されている。原住民という呼称は一九九七年に自ら選んだ呼称である。

原住民文化運動や行政の動きを追ってみよう。

一九八三年五月　雑誌『高山青』創刊

一九八四年十二月　台湾原住民権利促進会結成
一九八九年十一月　原住民族、最初の新聞が発行される
一九九〇年　『猟人文化』（ワリノ・スカン）創刊
一九九三年十一月　『山海文化隔月刊』（孫大川）を出版
一九九六年十二月　行政院に原住民委員会が設けられる
一九九八年　「原住民族教育法」
二〇〇一年　「原住民労働権保障法」
「原住民言語法」

一方で「土地を返せ」、「名前を帰せ」運動があり、「原住民族自治運動」や「核廃棄物貯蔵庫所の建設反対」「国家公園の設置反対」「狩猟開放」などの運動があった。このような動きの中で台湾原住民文学が生まれ、日本でも文学選が編まれるようになったのである。

台湾の言語は、日本の植民地時代には日本語を強要され、戦後の国民党政府になってからは北京語を強要された。したがって原住民族は自らの言語を失っていた。原住民文学運動とは、自らの言語を復活させ表現したものである。

「パンノキ」とアミの文学

私の息子の娘である孫娘は、母方の祖母のことをアマ（アミ語でおばあちゃんという意味）と呼んでいる。アマは台湾の花蓮から沖縄に帰化してきた。先に夫が沖縄にやってきて石工として働いた。その後、妻すなわちアマはまだ幼い四人の娘たちを伴ってやってきた。その三人目の娘が孫娘の母親である。後に私の息子と結婚して娘ができた。だから、孫娘は半分台湾の血を引いている。しかもアミの血を。残念なことに息子は離婚をしてしまった。だが、アマの寛容な心のおかげで、離婚後も私はアマの家に出入りを許されていて、孫娘とも自由に会うことができる。孫娘の運動会、小学校の卒業式、中学の入学式のときにも、離婚した夫婦、双方の祖父母も集まり、人目には平和な普通の家庭にみえるほど、そのときを過ごす。そんなことができるのも、アマのおかげだと私はアマに感謝している。

そのアマから、はじめてパンの実を御馳走になった。パンノキは沖縄在来ではないが沖縄県庁横の「立法院」の記念碑のあるそこから警察署に向かう遊歩道にその大きな葉を広げている。グローブよりもっと大きな葉っぱがよく落葉しているので、私はそれを拾って帰る。熟すると黄色になる大きな実は、さすがにもぎったことはない。

アマが「パンの実のスープよ」とすすめてくれた。一見、カボチャ(パンプキン)スープのようである。味付けは塩だけ。他は何も加えない。種はまるでマカダミア・ナッツのように美味しくて、そのままスープの具になっている。台湾では兄弟が競って種をとりあったという。アマに「どこでパンの実を手に入れたの」と聞くと、「街路樹よ」と答えた。そういえば、アマのマンション近くにもパンノキがある。梯子をかけて長女の婿に採ってもらったという。収穫した実は(きっとたくさん)皮をむき、冷凍して保存する。家の冷蔵庫には入りきれないので、娘たちの冷蔵庫にも分散して保存しているとのことだった。

『台湾原住民文学選』(草風館)九巻を、東京に出かけたおりに少しずつ買い求めておいた。なかなかまとめて読む機会を得られなかったが、やっとその時がきた。その文学選の四巻『海よ山よ』の作品集に「パンノキ」という題名の作品を見つけた。アタウ・バラフというアミ出身の作家が書いたものだ。アタワ・バラフは台湾大学の外国語学科を卒業した。その後、タイヤル部落にこもり、舞踏家、舞台芸術家として模索し、今は自らの劇団を主宰している(柳本通彦訳・解説『海よ山よ』より)。解説によると「かつてアミの人たちの庭先にはたいていパンノキがあった。その家の守護神ともいえる意味があった」という。だからアマは街路樹に実ったパンの実を、大事に収穫していたのだ。

「パンノキ」は一六頁の短い作品だ。自らの体験を綴ったもので、次のような書き出しではじまる。

「君が小学二年生を終えたころだった（一九五七年）、青い海に面した美崙《メイルエン》（花蓮市内の地名）から、ビンロウ樹に囲まれたタバロン（光復郷富田のアミの部落）に、一家を挙げて戻ってきたのだ。そして、ガラン峡谷沿いのチハロンに新しく建てた茅葺きの家に入った」。

君と語りかけられている「僕」は、父さんと母さん、それに妹二人と（後に弟も生まれた）暮らしている。父さんと母さんは二十も歳がちがう。父さんには、前妻がいた。そして四人の子どもがいたが、終戦間近に、アメリカの飛行機がやってきて、機銃掃射で五人の命を奪った。父さんは時々アルバムを見ながら泣いていて、僕に四人の子どもたちがいかにお利巧だったかという話をした。

そのような一家は、もともと部落の山腹に土地をもっていた。きれいな林や草原があり父さんは炭を焼き、君（僕）は、山羊を放牧していた。その一家の暮らしを変えたのは、県道ができることになって彼らの土地を通ることになってからだ。土地をとられると、小さな畑しか残らない。それまで畑には、サツマイモ、サトイモ、マメ、トウモロコシを順に植えていた。畑の周辺には、パパイヤ、ビンロウ、そして高々と聳えたつパンノキが三本あった。

君を興奮させたのは、パンの実が熟するころだった。母さんは、パンの実を袋にもたせて親戚の家を回れと言いつけた。部落にはパンの実とコメを交換してくれる人がいたり、金で買ってくれる人もいた。家には田んぼがなかった。パンノキは他の家にもあったし、だから、これは暗黙の助け合い（相互扶助）なのだ。

僕はパンノキの樹皮を削って乳白色の樹液をしぼりだし、団子をつくって、クチャクチャと噛んでガムの感触を味わった（私も幼いころ経験がある。ガジュマルの幹を石で傷つけて粘土に樹液をからめ、それを水であらうとガムになった。かつての沖縄の子どもたちが経験したことだ）。

嵐の日、家でじっとしていると、地響きが聞こえてきた。パンの実が落ちる音だった。みんなで「トサ（ふたつ）、トロ（みっつ）、ニマ（いつつ）、ピト（ななつ）」と、数えた。

父さんが電気鋸で感電し、部落を去った（あの世へ）。僕は台北県淡水鎮にある教会系の高校に行き、上の妹も公費で看護学校に通っている。僕は高三の冬休みに、汽車を乗り継ぎ十二時間をかけて、故郷に戻った。家に戻ると、懐かしい茅葺きの家は見えたが、あのパンノキはなかった。畑の一部を水田に変えたため切り倒したのだ。母さんはまだ、二本は残っているのだからという。だが、僕は物足りない気持ちをつのらせた。もうどうしようもないのだ。かつて幾度も撫で、抱きついたパンノキは、バラバラにされ畑の上に散乱していた。

物語の最後は「妹の手紙」で終わる。

「兄さん、あなたがタイヤルの深山部落に行ってからずいぶん時間がたちました。あまり帰ってくれないし、手紙もくれない。私は二十歳を過ぎました。母さんは婿をもらいなさいって。(アミは伝統的に母系制社会)」

「おととい、タバロンの家に帰ったら、パンノキが二本ともありません。悲しくて泣きました。母さんじゃないのよ。兄さんによ。兄さんが自分の責任を果たさないからこんなことになったの。稼いだ金は何に使っているの。どうして少しでも仕送りができないの。私たちはもう、(パンの実を)配るものはないのよ。お願い。早く目を覚まして山を下りて下さい。そして私たちのところにもどってね。愛する兄さんへ。」

と、ここで物語は終わっている。兄さんである僕は、兵役を終えた後、タイヤルの山に出稼ぎに出たまま、帰ってこなかったのだ。

これが物語の大筋である。この一家は日本語も使うことができる。日本の植民地時代をくぐってきたからだ。だが、物語ではそのことにはいっさい触れていない。しかし、牧歌的で、様々な植物や作物に囲まれて営まれていた暮らしが、やがて社会の変化や開発によって破壊され、変わっていく様子が淡々と語られている。だが、そのような部落の変化にたえられないかのように、主人公の僕はムラを去った。帰ってきてという、妹の哀願が痛々しい。パンノキにまつわる哀しい話である。

赤子を守護する火の神

琉球の火ヌ神

女性と一体となっている琉球の信仰に火ヌ神《カン》（火の神）信仰がある。今時の若夫婦の家庭は別として、たいていの家には「火ヌ神」が祀られていることだろう。私の母親は、私の結婚のとき「火ヌ神」を持たしてくれなかったが、しばらくして義母が香炉に西表島の白砂を満たして、私の台所に設えてくれた。私の母は生まれも育ちも首里であったが、土地の信仰には無頓着な人だった。首里あたりでは、火ヌ神は母方から、わけていただくものと聞いていたが、夫の出身である西表ではどうもそうではないらしい。

そのような事情は別にしても、私は家の台所におわします火ヌ神を大事に思っている。お寺や、教会に出かける煩わしさもなく、特別な戒律やおしつけもなく、静かに私（たち）を見守ってくれる、そんな火ヌ神に感謝している。

古来より火の神、水の神などという自然神は生の根源であり、人間の暮らしを支える物質あるいは神として崇められてきた。統一琉球王朝が成立し、尚真王が地域のノロを王の任命制にし、聞得大君が頂点にたつと、それに従う首里大あむしられ、儀保大あむしられ、真壁大あむしられ等は、その殿内（トゥンチ）で火ヌ神を祀り、また、その配下にあった島々、ムラムラのノロ殿内でも、火ヌ神ガナシを祀り、国家の安泰とムラの豊穣を祈願した。

しかし、一方で家庭においては、台所に鎮座する素朴な存在であり、主婦を勇気づけ、主婦の身体を通して火ヌ神ガナシは、一家の健康と幸せを守ったのである。また火の神は、子どもが生まれると、母と子の命をマジムン（悪霊）から守った。沖縄では、子を生むと、炉を切り、あるいは古い鍋などに火をくべる習慣があった。

浦添市の字仲間で、八〇年代後半に、お年寄りから聞いた話では「産後の一週間をジールウチといい、産室である裏座で火を焚き、産婦の体を温め、悪魔払いをした。火を焚くジールは炉を切るのではなく、古い鍋を利用して、薪をもやした（後には炭を利用）。また産室の入り口には魔よけの左縄が張られた。ジールの期間中は親戚があつまり、男たちは隣室で酒を飲み、女たちは産婦と共に過ごした。これをユートゥジという。出産後四日間は一番大事にしなければならないときであり、四日目を四日ジールという」。この話は『字誌・なかま』に収められた。火を焚くのは母体を温めるため、ということであったが、夏にも火を焚いたことから、それよりも母子をマジムンにさらわれないため、であったのではないか。今では、このような出産に関する儀礼はない。現代医学が火ヌ神に代わって、母と子を守ってくれているのだ。

台湾原住民文学の中の火の神

沖縄の出産に関する儀礼は、おぼろげな記憶になりつつある。市町村誌などの記録でわずかに見られる程度である。ところが台湾原住民文学を読んでいると、出産と火の神にかかわる物語が、鮮明に描かれている。ブヌン族に出自をもつ作家、ホスルマン・ヴァヴァは、「生の祭」（台湾原住民文学選4『海よ山よ』所収）という作品にお産と火の神に関する部族の習俗を、濃密に描いている。

ホスルマンは学校の教師である。彼が自らの部族（民族）に関心をもつようになったのは部落を離れて後のことだ。物語は老人たちの話と、自らの幼少の体験に基づいている。その物語は今では、台湾の部落でもすでに失われた習俗かもしれないが、しかし、老人たちの記憶の中で今も生きているのだ。

物語は、ルヒという幼い男の子の目を通してみた、チナ（母）のお産という事件である。

ルヒが、部落の子どもたちと遊んでいると、チナの叫び声が部落中に響きわたる。「弟がうちにやってくるかもしれない」と、大急ぎで家に走った。家に戻ると母親のチナは、居間の地面の上に寝かされている。

「人間は大地を頼りに生きているのだから、新たな生命が誕生して最初にすべきことは、大地にふれ、大地と親しい関係を結ぶことだからと、部落の人間は信じていた」。

赤ん坊は、母親の腹の中にまるでヒルのようにひっつき、なかなか出てこない。一晩中奮闘する産婆は、ついに女たちに苧麻布で腹を絞るように指示する。やっとのことで生まれた赤ん坊。さあ、今度は、どうやって悪霊たちからチナ（母親）と赤ん坊を守るのか。ルヒの祖父は、次のような話をしてくれた。

「おまえのチナはな、今は体が卵みたいにもろくなっておってな、風がひと吹きしただけで遠い遠い所へさらわれてしまうんだ。こんなときにはな、悪霊が出てきてチナの命を奪おうと、そしてわしらが毎日泣いて暮らすようにと、ねらってるものなんだ。悪霊というのは部落の者が災難に遭ったりするのを好むからな。だから、わしらのご先祖はこうやって悪霊を追い払ってきたんだ」と言って、祖父は火に息を吹きつけた。

「火を起こしてどうするの」と、男の子は言う。

「天の神はわしらの力が弱いのを知っとりなさるから、わしらを守るために、わざわざ火に姿を変えて一緒に暮らしてくださり、いつもわしらの命を守ってくださる。おまえのチナを守るために、これからはな、この家を訪ねて来る者には必ずこの火をまたいでもらうようにする。誰かが悪霊を連れて来んように、天の神様に守っていただくんだ」

このように、まだはかない赤子の命は火の神の加護にゆだねられたが、しかし、火の神とてすべての子を悪霊から守りおおせるわけではない。命を守り継いでいく風俗として沖縄ではワラビナー（童名）というのがある。長女は母方の祖母の名を、長男は父方の祖父の名をいただくという具合に、名前をつないでいく。まるで命のリレーである。ワラビナーの継承は、火の神信仰とは直接関係ないが、この世にせっかく生を得ても、マジムンに連れ去られることの多かった時代の切実な祈りが込められている。

台湾ブヌン族の間でも、沖縄と同じような命名の継承があったようである。それは同じく「生の祭り」にみることができる。

皆がそろったところで、命名の祭りを取り仕切るタマ・ウマスが、粟酒をなみなみとついだひしゃくを捧げ持って赤ん坊の前へ歩み寄った。厳粛な声で「ホピカウナン（神よ）」と言うのを合図に、皆の見守るなか神聖な儀式が始まった。

「フ！この子をヴァヴァと名づけます。曾祖父の偉大な名を継いだのです。この名のおかげで、この子はいつまでも健康でたくましく、悪霊のもたらす病も体に入ることはできません。この子は鷹のように敏捷に動き、行いも月光のように清らかで、名声はサイヴァ山（玉山）のように崇高でありますように。悪霊は皆、この名に驚きをなし、部落にはやって来ないでしょう。フ、フ、フ！」

部落の子どもは皆、天の神の名で命名されなければならず、しかも祖先の決めた命名の掟を厳しく守らなければならなかった。長男は祖父の名を、二男は曾祖父の名を、三男は祖父の兄弟の名、四、五男は父の兄弟の名を、長女は祖母の名を、次女は曾祖母の名を三女以下は父の姉妹の名を継ぐことになっていた。祖先の恩を記すためと、家族のつながりを強めるためだった。

台湾原住民と沖縄原住民の風習や文化に、共通点がみいだされる。台湾と琉球諸島は、地理的に近いのだから、当然といえば当然のことだが、海に国境線が引かれてしまうと、お互いが遠い存在に感じられ、共通の文化圏にあることなど忘れてしまっている自分に気づく。

台湾ルカイ族にみる生命礼賛とアワ文化
――琉球諸島に通じる焼畑と習俗――

これは、ルカイ一族の暮らすコチャポガヌ（好茶）部落が舞台となるアオヴィニ・カドゥスガヌの中編小説「野のユリの歌」の物語である。ルカイ族は主に台湾南部の高雄県茂林郷、屏東県霧台郷、台東県東興村などに居住していて人口は一万一千人（二〇〇七年七月現在）ほど。

コチャポガヌ社（部落）は井布山（アロワヌ）の南の中腹にある。ムラ人たちの暮らしは焼畑農業と狩猟によっている。野を焼いた後にはサトイモ、アワ、シコクビエ、マメ類が植えられるが、小説では主にアワ作とそれにまつわる儀礼、それに狩猟のことが描かれている。たとえば赤ん坊が生まれると「一〇日祭り」をやる。そのときの御馳走がアワであり次のような描写がある。「アワを五束火棚に置き温めてから殻をとった。アワを蒸らす匂いが伝わってくると、なにか手伝おうと次々にやってきた。一番近くに住む女性がやってきてアワをつく。その音を聞いてさらに手伝いがやってきた」と、いう具合にムラはひとつの家族のように赤子の誕生を祝う。

ルカイ族出身のアオヴィニ・カドゥスガヌ作品「野のユリの歌」は原書には「ルカイ族の生命

郵便はがき

料金受取人払

牛込局承認

6015

差出有効期間
平成32年4月
24日まで

162-8790

東京都新宿区
早稲田鶴巻町五二三番地

（受取人）

株式会社 藤原書店 行

ご購入ありがとうございました。このカードは小社の今後の刊行計画および新刊等のご案内の資料といたします。ご記入のうえ、ご投函ください。

お名前	年齢
ご住所 〒 TEL　E-mail	
ご職業（または学校・学年、できるだけくわしくお書き下さい）	
所属グループ・団体名　連絡先	
本書をお買い求めの書店 市区郡町　書店	■新刊案内のご希望 □ある □ない ■図書目録のご希望 □ある □ない ■小社主催の催し物案内のご希望 □ある □ない

読者カード

本書のご感想および今後の出版へのご意見・ご希望など、お書きください。
(小社PR誌『機』に「読者の声」として掲載させて戴く場合もございます。)

■本書をお求めの動機。広告・書評には新聞・雑誌名もお書き添えください。
□店頭でみて　□広告　□書評・紹介記事　□その他
□小社の案内で　(　)　(　)　(　)

■ご購読の新聞・雑誌名

■小社の出版案内を送って欲しい友人・知人のお名前・ご住所

お名前　ご住所　〒

□購入申込書(小社刊行物のご注文にご利用ください。その際書店名を必ずご記入ください。)

書名　冊	書名　冊
書名　冊	書名　冊

ご指定書店名　住所

都道府県　市区郡町

礼賛小説」と銘打たれているという。アワ作文化と狩猟の世界を背景に描かれているのは女性の出産にまつわる明暗と、赤子がルカイの勇敢な猟人として成長していく姿が描かれている。ルカイ族の男は一人前の猟人として認められると頭にユリの花を挿す儀礼がある。

一二章からなる物語は、「若い婦人の受難」の悲劇で始まる。「村の中央の上方にある家では、お腹の大きい若い婦人が横たわっていた。彼女は冷たい羊水と血だまりのなかにもう長いことい た。もうひとつの小さな命のために、生きるか死ぬかの瀬戸際で苦しんでいるのだ」。

この若い婦人はついに子を出産することができなかった。妊婦の死は最も不吉なものとされている。その家はそのまま墓場となり、以後、人が住むことも近づくこともできない。家は放棄されるのである。

「シリリン(巫女)は、父親と子どもたちに外に出るように言いつけた。難産で妊婦が亡くなると、その場に止まることができないからだ。そうしてひとたび家を出ると、死者との永遠の別れとなるだけでなく、祖先から受け継がれて来た、血と汗の結晶であり、家族の思い出がつまったこの家からも、すぐに立ち去らなければならなかった。家の周りも、今後は永遠に近づく人がいなくなる。さらに家の前庭は、女性には永遠に立ち入ってはいけない場所となるのだ」。

こうして女性の壮絶な出産場面とその死から物語は始まる。

二度の出産

家にはその夫と妊婦の母親、妹が一緒に住んでいた。物語は家を出て、粗末な石板家屋に移り住んだ妹スヌドゥの二度の出産へと展開していく。

スヌドゥは、とりたてて好きでもない男コーンの誘いを拒むことができず、妊娠する。その男、コーンと結婚はしなかった。コーンは別の女性と結婚してしまう。大雨の日、彼女はイナ（母親）の介助で、ひっそりと男の子を産む。幼名をエサイという。そのことを知った隣近所の人々は、同情心から食べ物をたずさえて次々とやってくる。そしてアマ（父親）と村の長老が中に入り、子どもの父親に認知するよう話し合いがもたれ、「子どもを認知する儀式」が行われる。父方からは「トンボ玉、竹製の盆一盛り分のアワ飯、木製の盆一盛りのアワ饅頭、ブタ肉」が祝いとして贈られた。こうしてエサイは正式にコーンの子として認められる。しかし、父親との縁は薄かった。父親は息子であるエサイに「山羊の足」をくれただけで、崖から落ちて死んでしまう。「山羊の足」というのはコーンが狩りで仕留めた山羊の足のことで、村では獲物は皆で分け合う習慣がある。狩りから帰ってくると村の人たちが出迎えるが、その中に自分の幼い息子がいることに気づくと、「山羊の足」を持たせて家に帰らせた。父親が息子にしてやったことはそれだけ、だったのである。

父親の無いエサイは、それでも祖父によって狩りの仕方を習う。山に入る道々、祖父は鳥占いをする。聖鳥の鳴き具合で、その日の収穫を占い、運命を占う。こうして祖父と共に、イノシシや鹿などを捕る。そのような中で母親のスヌドウは、今度は妻子のいる男と恋をし、身ごもり、嵐の吹きすさぶ日に、一人で子を産む。一人で臍の緒を切り、一人で火を起こした。

猟人になったエサイ

ここから、物語はエサイを中心に展開する。エサイはやがて妻をめとり、アワ作りに励み、狩りにでる。ルカイの男は皆、猟人になる。エサイはよく祖父と山に出かけた。ルカイでは六頭以上の大きな雄イノシシを仕留めた男だけが、ユリの花を挿すことが許された。山深く分け入った猟人は身の危険が多く、家では身内が、巡礼者をまつように待っていた。猟人たちは獲物を仕留めたとき、部落近くの山に戻ってきたときには「ウー」という声で知らせた。村人はウーという声の長短で獲物の大きさまで知ることができた。

そして、仕留めた獲物を村人全員で分け合う、次の文章は村人たちの至福のときである。

「猟人を出迎えた子どもたちは、猟人の家に着くと、前庭で猟人が出てきて出迎えのご褒美を分けてくれるのを待っていた。みんなは一人前分ずつもらうと、満足した気持ちで帰って行った。続いて村の長老たちが、ひっきりなしにやってきてお祝いを述べた。そして、猟人の家に集まり、イノシシの頭を食べながら、かまどを囲んで猟の経験を話し合った。翌日は、女たちがイノシシの頭皮を食べる番で、骨とイノシシの頭皮を一緒に大きな鍋で煮て、来た人にみな一人前分ずつ配った。肉を食べ、スープを飲んだあと、口々に謝意と愛の祝福の言葉を述べた。一番いい肉は、イモ粉と一緒にアラボラ（葉）で包んでチナブをつくり、体に障害があって来られなかった人たちに届けさせた」。

かつて、沖縄の島々でも見られた共に食する人々の風景である。

ルカイ族の焼畑とアワ作文化

物語ではアワの畑や、アワの料理、酒の話が随所に出てくる。たとえば、

「エサイは、六日間草刈りをつづけ、土地が乾くと、時間をみつけて焼畑にし、アワをまいた」。

「朝からアワをつく音が、リズミカルに聞えてきた。二人式と三人式の臼でついて、一日でアワ餅とアワ酒用のアワ粉ができ上がった」。

「ドボラン（エサイの妻）が身ごもったぞ、というニュースが家族全体に伝わっていった。イナは嬉しくて、身ごもった嫁に食べさせるためにアワ飯を炊いた。貯蔵桶から最良のアワ

を選んでひとつかみ取り出し、それをついて殻を取りアワを炊いた。それを竹の小さな盆に置き、竹のへらで少し残していた豚肉の脂身を乗せ、火にかける。流れ出たプンプンと香る油をアワ飯の表面に塗り、さらに焼いた豚肉を加え食塩をかける。ほかにも大きな鍋にアワ饅頭を作り、嫁の懐妊を祝って隣近所をはじめ家族全員に配った」。

まさに、ルカイの暮らしはアワ文化に彩られていた。

新城島のアワプリ（アワの豊年祭り）

八重山、竹富町に属する新城島《あらぐすくじま》（上地）では、米プルに先立ち、アワプリが行われる。アワプリは、アープリ（アワの豊年祭）あるいはグメヌプリ（小さい豊年祭）ともいわれ、旧暦の五月に行われる。

米のプリ（豊年祭）は旧暦六月に行われるが、アワのプリに比べて盛大で参加者も多い。米のプリにはアカムタ・クロムタ神の親と子の四神を迎えるのに対して、アワのプリにはアカムタ・クロムタの子神の二神のみを迎える。

祭りの詳細は置いておくとして、ここで注目すべきはアワのプリである。これは古くから新城島でアワ作が行われた証である。しかも島では焼畑が行われていた。新城島には山や川がない。

したがって水田はなく、稲作は西表に渡海し通耕を行った。それも薩摩の侵攻以後のことで、稲作以前の古くから行われていたのがアワ作だと思われる。

新城島のアワも焼畑で栽培される。何軒かが一組となって原野を焼く。九月下旬から十月初旬にかけて、各家から人が出て草刈りをし、火が燃え広がらないように準備をする。焼いた初めての畑をアーラスパティーといい、最初にアワを播く。その際には高黍や小豆もアワに混ぜて同時に播く。アワの収穫後に植えられるのが麦、ゴマ、黍、甘藷などの輪作が行われた（安里精善「近代新城島の農業」『竹富町史』第五巻）。

これは、私見だが米の豊年祭が盛大に行われるようになったのは、薩摩侵攻後のことだと思われる。つまり、米づくりが強いられた後、米儀礼が強調されるようになったのではないか。基層にあるのはあくまでもアワなのである。したがって、小さい祭りであるアワの豊年祭こそ、島の原風景を止める重要な祭祀である。

以前、米プリ（豊年祭り）に参加したとき、アワのおにぎり（アーヌイズー）を島の婦人たちと握らせてもらったことがある。もち米にアワをまぜて蒸し、熱いうちに握る。糸芭蕉の葉を炙り、それに油をぬり手の平に置き、パンパンとたたくようにして握っていく。葉っぱのいい香りが移り、日持ちもする。

このように見ていくと、台湾ルカイ族の焼畑農業とアワ作文化とよく似ていることがわかる。

大宜味村塩屋の焼畑

一九八二年、私は大宜味《おおぎみ》村塩屋部落で塩屋の食について聞き取り調査をした（「沖縄のシマ社会における食文化と女性の役割」『ジェンダー・文字・身体』新評論）。それによると、塩屋では一九六〇年ごろまで焼畑が行われていたということである。焼畑のことを地元ではカイクンアキーン（開墾）と言っていた。焼畑は段々畑で、イモ、アワ、トウモロコシなどが植えられた。畑仕事は主に女の仕事で、男たちは山に入り、材木を切り出し、薪をつくり、炭を焼いた。炭を山から降ろすのは女たちの仕事で、これを炭ウルサーと言っていた。

アワには、二種類ある。穂が垂れるマージン、穂が一本立ちするジブンアワで、主にジブンアワがつくられた。料理は、粉にしてテンプラにしたり、すったイモと混ぜ、それを蒸してアワ餅にした。

照葉樹地帯にみられる焼畑とアワ文化

佐々木高明は『照葉樹林文化とは何か』の著者で知られる人類学者である。同著には焼畑が行われている地域と栽培作物が記されている。焼畑はインドのアッサム山地、北ビルマ、雲南山地、華南、広東省、華中、台湾中部・南部、西南日本、五木村などで行われていることがわかる。そこでは主にアワ、トウモロコシ、豆類、イモ類が栽培されている。

このように見てくると、琉球の島々の古層文化には南アジアや台湾、中国、日本を包む照葉樹林文化と共通のものを見いだすことができる。その古層文化は、戦後の一時期まで盛んに継承されていた。また、焼畑は行われなくなり、アワ作は無くなっても、新城島のように農耕儀礼として残されていることもわかった。

今回は、ルカイ族の文学を通して、琉球の文化や習俗を再発見することになった。

注

「野のユリの歌」は『台湾原住民文学選7　海人・猟人』(草風館)に収められている。

津島佑子『あまりに野蛮な』をめぐる世界

津島佑子は気になる作家として、私の内なる引き出しに大事にしまっていた。いつか集中して読んでみたいと思っているうちに、二〇一六年二月十八日肺癌で亡くなってしまった。私は取り返しのつかない思いで鎌倉の恩師の書庫で見つけた『あまりに野蛮な』（上巻）をむさぼり読んだ。上巻は二〇〇八年の講談社版で読み、下巻は津島の死後五カ月後に出版された、文庫版で読み継いだ。

『すばる』は、六月号で追悼の特集を編み、中沢けい、茅野裕城子、中上紀、シャマン・ラポガンなどが、津島への思いを寄せている。シャマン・ラポガンは蘭嶼に出自をもつ台湾原住民の作家である。彼は三月十六日に亡き津島里子（本名）家を訪れ、亡くなる前そのまんまの書斎に案内される。ラポカンは「国を超え民族を超えた文学を創作しようとした津島さんの精神は、いつもわたしの心にある」と回想する。

小説『あまりに野蛮な』は、一九三〇年代の台湾と、現代の台湾を描いており、そういう意味では、国境を超える小説である。だが、台湾と日本の歴史的関係をたどると、そう単純に言い切れないものがある。不条理に日本の領土に取り込まれた台湾を、どのように位置づけるべきか。植民地時代を描いた作品を何と呼ぶべきか。「植民地文学」というべきか。

大城立裕の小説に『朝、上海にたちつくす』というのがある。大城が選ばれて植民地下の上海の東亜同文書院に、留学した経験を元にした小説である。日本でないのに、日本にされた「外地」とは日本にとってどのような存在なのか。『あまりに野蛮な』の時代設定は日本が台湾を植民地とした戦前の台湾と、現代の台湾である。

「物語は一九三〇年代の台湾と、二〇〇〇年半ばの日本と台湾の時代を行き来する。二〇〇五年のタイペイを旅するリーリーことまり子の語りが、日本統治下のタイペイで暮らした彼女の母親の姉にあたる伯母、ミーチャこと美世の生をよみがえらせるという二重構造になっている。リーリーは現在五十六歳のフリー編集者で、かつて十一歳になる息子を交通事故で亡くし、その影を抱えて生きている。リーリーは、ミーチャが残した手紙や日記を引用し、それを補いながらゆかりの地をさまよい歩く」。

（堀江敏幸『あまりに野蛮な』解説より）

主人公ミーチャの見た、台湾・霧社事件

ミーチャは、フランス社会学を研究し、高校の講師を勤める夫とともに、一九三〇年代のタイペイの昭和町に住んでいる。そこにはタイペイ帝大の教授家族などの内地人が住む日本の町そっくりな特別地区である。それでも「本島人」の経営する店で買い物もする。本島人というのは、中国大陸から移住してきた人々をさす。主に福建人や客家、漢族などである。

ミーチャは、夫や教授たちの会話から、「山の人」たちが起こした事件のことを知った。「台湾の山奥で凄惨な霧社事件が起きたのは、一年前の十月だった。内地でも大きなニュースになり、年が変わってからは事件の真相を語るというようなつづきものの記事が内地の新聞にも出はじめ、誰もが熱心に記事を読んでいた」とある。

小説は、前半は先にタイペイに就任している夫となるべき「あきひこ」への恋文で占める。それは来るべき新婚生活でめくるめく行われるであろう営み、「エロ」への期待が、おおらかに綴られる。それは明彦（あるいは坊ちゃん）が、妻のあるいは夫の務めとして、性の技巧を習得すべしと、フランス流の性典を贈ったためであり、それを女性のたしなみとして、ミーチャは信じこむ。本名でなくミーチャとかミータンなどと、手紙には記す。

しかし、タイペイの昭和町での暮らしは、そう甘いだけではなかった。明彦はよく妻を置いて、

内地に出張した。虫の徘徊する小さな家も快適ではなかった。
物語の舞台が日本の植民地となった外地という点で、読者の私をひきつけるものがあるが、しかし、私をぐいとひきつけたのはミーチャが「霧社事件」に、少なくとも関心を示してくれたことだ。

読者の私は、霧社事件を詳しく知るためにこれも我が本棚に眠っていた『オビンの伝言――タイヤルの森をゆるがせた台湾・霧社事件』（中村ふじゑ著）を並行して読んだ。それによると、

「一九三〇年十月二十七日、日本の植民地だった台湾の中部山岳地帯の霧社で、台湾原住民のタイヤル族が日本人を襲撃し一三四名を殺害した。日本の圧政に抗しての武装蜂起であったが、日本は、これを霧社事件と命名した。蜂起したタイヤル族に対する日本側の弾圧は、近代兵器を駆使して執拗におこなわれた。蜂起に加わったタイヤル族の部落の人口は五分の一近くに激減し故郷の霧社を追われた」。

津島は霧社事件の「悪夢」を小説で次のように書いている。「月に照らされ、しらじらとほの明るい深い山のなか、鳥の声、獣の声だけが夜の空気を震わせる。一本の特別な大木にたくさんの人間の死体が果実のようにぶらさがり、風に揺れている。死の沈黙のままに」。

前出の『オビンの伝言』では、男たちが部族への日本の圧政、差別に耐えかね、蜂起したものの、何十倍にもはね返って来た弾圧に、追い詰められ絶望した人々は、晴れ着を着て、大木の枝に次々と首を吊る。最後に残った者が、死体の顔を布で覆い、自らも首を吊る。

『オビンの伝言』では、日本人（直接的には、現地の巡査）の、様々な残虐行為がおこなわれる。たとえば、自らは手を下さず、賞金をかけて原住民の首を狩る。「ドンと音をたて、首が机の上に置かれた。清は、その首が、どこの、だれのものかを確認して記帳する。みんな顔見知りの首だった。いつ自分の親戚、母の首がくるか、清は、持ち込まれる首を見るのが怖かった」。清とは、日本に手名づけられた部族の男子である。その男子が、部族の首の登記の手伝いを強要された。また、「日本人の巡査が首を切られたばかりの人の腹を裂いて、肝をとってくる。肝は板で押さえて平たくし、清に命じて火鉢のとろ火で乾燥させた。少しずつ削って飲むと、万病の薬になるという」。

津島はそこまで詳細に日本が台湾で犯した残虐行為を描いてはいない。むしろ、昭和町で暮らす、普通の女性が巷で噂される事件のこと、逆に日本で報じられて「霧社事件」を日本にいる弟から知らされる、という程度のものとして描いている。

子を失った哀しみ

甘い、新婚生活の後に、ミーチャはみごもる。二人にとって歓迎すべき妊娠ではなかった。身寄りもなく、暑苦しい昭和町。そして、生れた男の子は、一歳を過ぎたころ亡くなってしまう。小説の後半は、子を亡くした女の性と、その性をおぞましく思う、自らの性と狂気を描く。それはグリム童話に出てくる残酷物語のように独白されていく。

「今まで私も夫婦の営みを私なりに楽しんで来たつもりだけれど……でも女にとって快楽だけでは終わらない生殖行為。私は妊娠するのがこはい。……子どもが欲しいのなら明坊が妊娠すれば好いのだ。」

小説はそこから、一転してミーチャの錯乱、妄想の世界に入り込んでいく。子どもが死んだのは自分のせいだと思うようになる。私はそういうひどい女。そうよまだ私を求めてくる夫にも、私が恐ろしい女だということを知らさなければならない。私の、あそこには牙が生えているのよ。それは、神話の残酷物語のように、語られていく。

「夜中になり私たちは新婚の夜を過ごすべく定められた小屋に入りました。母から一応の心得は聞かされていたので何も戸惑うこともありませんでした。男はまず私を裸にして自分も裸になります。……男のものが竹の子のように大きく太く伸びました。それを私の中に入れるのです。……ハイ、どうぞ、と云い私は股をできるだけ大きく開けて口も大きく開けて男を受け入れました。そう思った拍子に私はつい口を一旦閉めました。すると股にも力が入りました。その途端、男が首を切られた鶏そつくりなけたたましい悲鳴を上げました。そして私の体から離れ呻きながらあっちに転びこっちに転びしているうちにやがて静かになりました」。

「もうおわかりでせう、私の股の奥には鰐そっくりな猛々しく鋭い歯が並んでいたのです。これではどんな男も私の中にはいったらたちどころに殺されてしまいます」。

女陰はもともと、呪術的な力をもっとも云われてきた。沖縄のムーチー伝説では、女のホトを見せて、鬼を崖から突き落とす。女陰は豊穣の象徴でもあるが、忌まわしい、ものとしても語られてきた。

子を失ったミーチャは、やがて夫との交わりをうとましいものに思えてくる。夫の明彦も、これまでと別人の明彦に見えてくる。

まわりが揺れて見える。頭痛もよくならない。万引きをすると不思議に頭痛がなおる。万引きをくりかえす。こうしてミーチャの破局の物語は幕を閉じる。

津島の初期の小説、『寵児』も想像妊娠という奇妙な、不思議な感覚をもった作品だった。

津島佑子は、アジアの多くの女性作家と交わるなど、日本ではめずらしくインターナショナルな活動をしている。そしてちょっと社会派的な要素も。死後、単行本にまとめられた『ジャッカ・ドフニ』もアイヌの少女を題材にした壮大な物語だ。

平易な文章。現実と空想の境目がなくなっていく物語。

「それでは、さいなら。ハイチャイ。どんぶらこ、どんぶらこ……」と、幕を閉じた。

さよなら、津島佑子さん。

追記

ひとつ書きそびれたことがある。それは、私は津島佑子に一度だけ会ったことがある。それは機関紙『アソシエ』(御茶の水書房、二〇〇三年)で、「東アジアの二一世紀」の特集号を編んだときのことである。二〇〇二年六月二十七日、東京の学士会館に、黄皙暎(ファン・ソギョン)、津島佑子、中沢けい、新崎盛暉、尹健次《ユンコンチャ》、伊藤成彦の六氏が揃った。特別座談会「東アジアの民衆連帯を語る」を収録するためだ。私はその号の編集担当として参加した。司会は文芸評論家の伊藤氏。黄は、韓国のベストセラー作家の一人。津島はそのころ、九一年からはじめた「日韓文学シンポジュウム」に一〇年ほど参加していると話している。また、サハリン辺りのアイヌのユーカラとつきあっているとも。今思えば、『ジャッカ・ドフニ』は、すでに彼女の中に構想されていたのだと思う。

『朝鮮詩集』と沖縄

『朝鮮詩集』が金時鐘によって再訳された。もともと同詩集は金素雲（一九〇七〜八一）訳によって一九四〇年に日本に紹介された。私がこの詩集に引き込まれたのは、詩そのもののもつ美しさでもあるが、それ以上に、なぜ、その詩集がその時代に刊行されたのか、ということと、金時鐘の「再訳するに当たって」という序文の内容によってである。

金時鐘の作品は、詩集『猪飼野詩集』（一九七八）、『光州詩片』（一九八三年）など多数あるが、九一年に集成詩集『原野の詩』（一九五五年から一九八八年）が刊行された。

まず、なぜ戦争の最中にあえて『朝鮮詩集』が日本語で刊行されたのだろうか。それは、植民地下にあった朝鮮を日本とより一体化させるための政策ではなかったかということである。同詩集は、戦争の最中の四三年にも刊行された。

四三年といえば、七〇年代にはじめて「元慰安婦」としての名乗りをあげたペ・ポンギさんが「従軍慰安婦」として朝鮮から沖縄に連行された年である（詳しくは川田文子『赤瓦の家』）。当時の日本軍は貧しい娘たちに儲かるところがあると言って幻想をふりまき、騙して日本に連行した。同様に男たちも大量に連行され、「軍夫」として沖縄の前線で犠牲となった。『朝鮮詩集』の詩を読むと、新体詩のように美しい。

お母さん、すこしだけ耳を傾けてください
あの黄昏のひそめた声を。
森の茂みに闇が忍び入り
渓川《たにがわ》の瀬音もひとしお細くなりました。
樹々もみな、今祈禱《いのり》の時刻《とき》です。
お母さん聴いてください。
手を置いてお耳を傾けてください。あの垣根添いの栗の木に
実の落ちる音がひびいています。
ことりと大地におっこちています。新児《にいご》が産まれたと宇宙が知らせているのです。
灯を点してお出なさい。
新しいお客、手厚く迎えにあがりましょう。

この詩は「驚異」と題された趙明煕（チョウミョンヒ）の作品である。まるで童謡のように優しく美しい詩だが、作者の略歴をみると意外なことに気づく。一九一九年に来日して東洋大学哲学科を中退したのち、無政府主義団体に加入。帰国した後は朝鮮プロレタリア芸術同盟の結成に参加し、二八年にソ連に亡命。三七年にスターリンによる朝鮮族移住政策で中央アジアに移住、その後スターリン治下で処刑、とある。これらの略歴は、初期の詩集にはなく、今度新しく金時鐘によって加えられたものである。

また、補遺で「一篇しか拾われていない、何人かの詩人のために、あと一篇ずつ補遺で残すとします。ただスターリン治下で処刑された悲運の詩人趙明煕のみは二遍収録されていますが、もう一遍ふやしました。自分の運命の予兆をにじませているような、特別な作品だからです」と、「呪祷」という詩を挙げている。

主よ！
あなたが運命の箸で
この蛆《うじ》を摘《つま》みこの世に投げ落とすとき
あなたもさぞや　矛盾の溜息を吐《つ》かれることだろう。
この屈辱の仮面が地に放り出されたとき

あのきやびらかな陽ざしも当然顔をしかめたことだろう。
おお、この汚れた肉体をいかに処すればいいのか
主よ　あなたがもし永久《とわ》に棄て去るものであるならば
いっそ雷《いかずち》の栄光を下さらぬか
　雷の栄光を！

詩集は発刊された当時、北原白秋、島崎藤村らから賛辞を受けたというが、それはあくまでも日本の側の評価である。金時鐘はあえて再訳したわけを次のようにいう。「私はいまもって植民地下の自分を育てあげた宗主国の言語、日本語の呪縛から自由でない。皇国少年として自分の国の言葉を捨て去っていた私にとって『朝鮮詩集』の再訳を試みることはそのまま自分の言語への立ち帰りを図ることであり……」と。

沖縄の近・現代詩も、奪われた沖縄語と日本語の葛藤の中からうまれてきた。金子光晴や佐藤春夫と親しかった詩人山之口貘《やまのぐちばく》（一九〇三〜六三）も日本語で沖縄のアイデンティティを書き綴っている。貘の年譜によると沖縄県立第一中学校に入学した十四歳に、標準語励行運動とともに設置された「方言罰礼制度」に反発して、意識的に沖縄口（ウチナーグチ）を使い、方言札を一人占めにした。十六歳の頃から詩を書きはじめ、十九歳で上京。以後さまざまな職業を転々としなが

ら、『中央公論』、『改造』などに詩を発表する。昭和五年ごろの作品に「会話」という詩がある。

お国は？　と女が言った
さて　僕の国はどこなんだか、とにかく僕は煙草に火をつけるんだが、
刺青と蛇皮線などの聯想を染めて、図案のような風俗をしてゐるあの
　僕の国か！
ずっとむかふ

ずっとむこふとは？　と女が言った
それはずっとむこふ、日本列島の　南端の一寸手前なんだが、頭上に
豚をのせる女がゐるとか素足で歩くとかいふような、憂鬱な方角を
習慣としてゐるあの僕の国か！
南方

南方とは？　と女が言った
南方は南方、濃藍の海に住んでゐるあの常夏の地帯、龍舌蘭と梯梧碁と

阿旦とパパイヤなどの植物達が、白い季節を被って寄り添ふてゐるんだが、
あれは日本人ではないとか日本語は通じるかなどと談し合ひながら
世間の既成概念達が寄留するあの僕の国か！
亜熱帯

アネッタイ！　と女は言った
亜熱帯なんだが、僕の女よ、眼の前に見える亜熱帯が見えないのか！　この僕のやうに、日本語の通じる日本人が、即ち亜熱帯に生まれた僕らなんだと僕はおもふんだが、酋長だの土人だの唐手だの〻泡盛だの同義語でも眺めるかのやうに、世間の偏見達が眺めるあの僕の国か！
赤道直下のあの近所

（『山之口貘詩文集』講談社、一九九九年）

山之口貘は戦前・戦中・戦後にかけて詩を発表している。したがって、その時代の社会的状況を敏感に反映していると思われる。同時にそれは日本政府の沖縄政策とも大きくかかわってくる。
岡本恵徳は「沖縄戦後の文学」（『沖縄文学全集　第20巻　文学史』海風社）で次のように述べている。

「沖縄の戦後文学の特質を示す一つの象徴として政治的な状況とのかかわりをあげたが、更に他のひとつをとりあげて言うならば、沖縄の戦後の文学は、自らの生きている地域の独自な性格を深くみきわめ、それを表現しようとする試みをみせてきたことをあげることができる。これはとりわけ、明治から昭和の十年代にかけての沖縄の文学活動が、沖縄の独自なものを自己否定し、中央の文壇文学に近似するところで表現を行ってきた過程とは異なる」。

前述の「会話」は、「朝鮮人・琉球人お断り」という札が張られた時代に書かれた詩である。日本の中で日本人として生きる違和感が感じられる。しかし彼は決して日本人になることを拒否しているのではなく、日本の社会でいきつつ、琉球を書き、生きることを書きつづけてきた。今日においても、沖縄の表現者たちは小説や詩の中に沖縄語を用いる模索を続けている。これは沖縄語の復権として評価されるが、一方で沖縄語や沖縄風が中央の文壇に商品化されるという、危険性も伴っている。

こうして、金時鐘による再訳『朝鮮詩集』は、私の心の奥深いところに落ちていったのである。後日、金素雲訳による『朝鮮詩集』（岩波文庫）と同じく金素雲による『朝鮮童謡選』を手に入れた。『朝鮮童謡選』は、日本でくらして十年余になる金素雲が祖国の朝鮮の子供たちに贈ったものである。童謡は、以前私が講師をつとめた珊瑚舎スコーレの授業で、勝手に節をつけて生徒たちと読んでみた。すると朝鮮の子供たちやそのまわりの風景が生き生きと感じられて新鮮な感動があった。童謡はするどく社会を風刺し、暮らしを描いていると思った。

『朝鮮詩集』は思わぬひろがりを私に与えてくれた。『原野の詩』で年譜を編んだ野口豊子は「〝在日〟という負性の世界を生きる金時鐘の実存。金時鐘が駆使する日本語の前で、日本人である私の日本語がぶざまに立往生する」と記した。さらに私は沖縄人である私が日本語で書くことの意味を重ねて考えたいと思っている。

今はなき萱野茂は、失われつつアイヌ民族の文化やアイヌ語の復権をはかりつつ、豊かな日本語で私たちに語りかけた。私が豊かさと感じたのは、彼の体内に内包されたアイヌの物語である。その物語が、日常会話の中に泉のようにわき出てくることである。まるで母の懐のように温かい「日本語」だった。

日本語は「日本」を超えることができるのだろうか、とはじめてそんなことも考えてみた。

朝鮮・石垣島のわらべうた

朝鮮は一九一〇年に日本の植民地となり、名前を奪われ、民族の言葉を奪われた国である。今回、ここで紹介するのは、朝鮮の「童謡」と石垣島の「わらべうた」である。

『朝鮮童謡選』（金素雲《きんそうん》訳編）からいくつか紹介しよう。

（1）餅搗け　ブーホング／米無《ね》え　ブーホング／心配《しんぺい》無用　ブーホング／借りりやええにブーホング／秋にゃ返《け》えす　ブーホング（ブーホングとは梟の声）

（2）月をとりに　行こうの／星を取りに　行こうの／裏んちの爺さの／きんたま取りに行こうの。

（3）日よ　日よ　紅《あけ》え日よ／キムチの汁で　めし食べて／長鼓《チャング》鳴らして　出て来い

（1）は、梟と貧しい百姓とのやり取りである。まるでアイヌのユーカラをおもわせるものがある。（2）李白よろしく、月を星をとりに行こうという。最後の爺さの〇〇取りに、がいい。

（3）太陽のもとで遊びに夢中になっている子どもたち。そのうち雲間に陽がかくれて陰になってしまうと、太陽に向かってこういう。キムチの汁をご飯にかけてかき込んだら早く出ておいで、長鼓鳴らして出ておいで、と。

「乳の味」という題のやりきれない歌もある（長いので省略して紹介する）。

タボク　タボク　房毛の子／泣き泣き　どこへ行くのだろう／母さん埋めた　墓所の前に／乳を貰いに　まいります。

山が高いに　行かれまい／海が深いに　渡れまい／高い山なら　越えて行く／深い海なら泳ぎます。

よい子よ　よい子　行くでない／梨をあげよに／行くでない／梨はいらない　欲しくない／欲しいは　母さん乳ばかり。

昼は日のあと　従いてゆき／夜は月をば　路しるべ／あの山　この山　みな越えて／母さん墓所に　辿りつき、

墓所の前に　生っている／赤い小さな　からす瓜／一つ毟って　食べたらば／母さんのお乳の　味がした。

（タボクは接頭音。髪毛のふさふさしたさま）

『朝鮮童謡選』を編んだのは朝鮮の詩人金素雲（一九〇七〜八一年）である。金素雲は他に『朝鮮詩集』の訳編者でもある。詳しい経歴はよくわからない。朝鮮はいうまでもなく一九一〇年に日本帝国によって強制併合され日本の植民地となった。『童謡選』は一九三三年に上梓されているが、序文によると「郷土に別れて十余年」とあるから、金素雲は一九二〇年ごろ、朝鮮から日本に来たことになる。朝鮮を代表するモダニスト作家李箱《イサン》は一九一〇年の生まれで、一九三七年に日本で警察に拘禁された後、結核で二十六歳で死ぬ。『李箱作品集成』（崔真碩《チェジンソク》訳、二〇〇六年）のグラビア写真に李箱と共に金素雲が収まっている。写真説明には『児童世界』編集室にてとある。金素雲は李箱より三歳年上だが、若くして日本で殺されたも同然の李箱に比べて、金素雲は幸運にも解放後の故郷で生を全うした。

『朝鮮童謡選』は、原本がある。『諺文朝鮮口伝民謡選』（第一書房版）がそれで、これも金素雲による。「東京の労働者街を訪ね、あるいは車中で同胞を捉えて採集したものもある」というから、当時の日本にはそれくらい朝鮮から多くの人々が日本に渡ってきていたことがわかる。

金素雲は言う。「厳密にいって民謡は翻訳さるべきものではない。律調を離れて文学的に民謡を考える場合、語調の特質、内在律の個性、生活感情を等しくする者のみに窺い知られる機知と諷笑——それ等を差引いて、さて何を民謡からくみ取ることが出来るであろうか。置き換えられた言葉によって尚且つ伝えうるものがあるとすれば、それは民族詩として民謡が遺した素朴な詩心だけである」と。

たしかに、童謡や民謡は声にだして謡うものであり、メロディーを伴う。最近、私は石垣在住の友人山里節子さんから『ばがー島のわらべうた』CD付きの本をいただいた。歌い手は、子どもたちではなく、白保のおばーさんたちや山里節子さんらである。発行は「児童文化サークルくにぶん木の会」。同会は一九八七年に設立され、八重山の島々に伝わる民話をもとに人形劇を制作し上演してきたとある。「わらべうた」集は、「子どもたちに島の文化を伝えようプロジェクト」としてトヨタ財団の支援を受け作成された。

わらべうた集の冒頭を飾る歌は、背中と背中を組み合わせて交互に背中を曲げて遊ぶときにうたう歌で、「しぃたんげ／まんげ／しぃたんげ／まんげ／しぃたんげ／まんげ」とこれをくりかえすだけである。CDでメロディーを聞いてみると、ちょっとした抑揚があるだけだ。

次の歌も愛らしい。「たーぴーと／たーぴーと／なかんやぬんめー／やぶりうずぬみーから／ぬきだるぴーちょ」（誰がおならしたの。それは仲屋のおばあさんが、被っている破れ布団の間から出たおならだって）。なんともユーモラスでかわいい歌である。これもほとんど単調な調子をとってうたう。だが、単調なものだけではない。「月のかいしゃ」でおなじみの「あんだぎなーぬ」（夜の子守歌）には美しい旋律がつく。「あんだぎなーぬ月《つく》いいぬ夜《ゆ》ー／我《ば》ーがーけーらー遊《あさ》ぼーら／ほーいちょうがー」。この歌は波照間島を発祥とするが、石垣島の白保に移住した人々が歌い継ぎ、今では八重山を代表する歌として知られている。

また同本の編集後記には「わらべうたは、地域や歌って下さった方による微妙な違いがあり、これだというのはありません。五線譜に載せられない音、文字でうまく表現できない方言などたくさんの課題がありました」と、書いている。ここでも『朝鮮童謡集』同様に、歌を文字化することの困難さをあげている。

音（言葉）で表現された民謡や童謡を、文字にするのはむつかしい。はるか以前、祈り言葉を記録した「おもろさうし」からして、その表記に苦慮し、おかげで後年ほとんど意味不明で研究者を悩ました。それでは、音は音として口承だけに頼るべきではないか、ということになるが、文字を覚えた人間の業というべきか、現代人は記録し、文字化しないではいられない習性となった。

琉球語を琉球の内部で歌を文字化しても「問題あり」だとすれば、朝鮮語を日本語訳にするとなると、もっと「問題あり」となる。

冒頭に書いた金素雲訳の『朝鮮詩集』は、その後、金時鐘《キムシジョン》によって再訳（二〇〇七年）された。その経過や理由はここでは省くとして、再訳した金時鐘自身も朝鮮語を母国語とする身でありながら、在日の詩人として日本語で詩を書きつづけることの忸怩たる思いを記してもいる。

在日文芸『民濤』（一九八八年九月）には李恢成《イフェソン》とプラハ生まれでドイツに移住した女性作家リブシェ・モコーヴァが対談している。同誌はほどなくして休刊してしまったが、今読んでみるとおもしろい。「二つの文化と言語のはざまで」（なぜ外国語で私たちは書くか）の中で、李恢成は金素雲について次のように語っている。

「たとえば金素雲という有名な訳詩家がいます。すぐれた詩人でもありますが。この人は日本語で朝鮮の詩を翻訳紹介したんです。ところがこの人の日本語というのは日本人はだしで、佐藤春夫とか、島崎藤村をして脱帽させるような日本人以上にたくみな日本語であったわけです。しかし日本人を感嘆させたかも知れないけれども、僕らが読むとある意味ではぞっとするようなあまりにも日本語になりきっている日本語であるわけです。ですから朝鮮人の使う日本語というある空間がない。さきほどのあなたの言葉で言えば距離がとれていないわけですね。そういう言葉を使うことによってのっぴきならぬところに追い込まれ、日帝に協力する文学者になっていったわけですね」。

長い引用になった。だが、この李恢成の言葉は、そのまま沖縄人である私たちにも「ウチアタイ」つまり通じるものがある。

沖縄人の使う日本語は、たいていがウチナーヤマトグチ（沖縄的日本語）であって、たとえ自分が流暢な日本語を話しているつもりでも、まわりがすべて日本人という環境にいると、自分の言葉の位置がよくわかる。つまり李恢成のいう「沖縄人の使う日本語というある空間」である。山之口貘は東京でその「空間」というものを逆手にとって、特異なことば世界を構築した。

理屈を述べるのはこれくらいにするが、それにしても素直に好きなものは好きといいたい。本来文字に置き換えることが困難な童謡や歌謡。それでも私はすごい、と思うのだ。私たちは、文字で紹介された世界の詩や歌を読み、感動する。

もうひとつ「甘藷」という題のついた朝鮮童謡を。

向《む》けえの甘藷いも　腐れ甘藷
うちの甘藷　甘《あめ》え甘藷

これを読んでいると、思わず吹きだしてしまう。というのは、沖縄の綱引きのとき、謡われるガーエー（かけあいの歌）を思い出すからだ。相手方をとことんけなし、ナジる。

また、部落間《シマ》では人々はよく相手をけなし、悪口を言い合ったものである。

童謡（わらべうた）にもいろいろある。紹介したような民衆の間で伝承されてきたもの、日本でいえば、明治の小学校教育のためにつくられた「唱歌」。これに抗して作られた「創作童謡」などがある（『日本童謡集』与田凖一編参考）。

私が好きなのは、民衆の間で歌い継がれてきた、読み人知らずの方である。これを読むときには、自分でかってに節をつけて歌ってみると楽しい。

尹東柱の生誕百年に思う

二〇一七年暮れ、早稲田大学で「生誕百年・抵抗詩人尹東柱《ユンドンジュ》に学ぶ」（詩が語る非核非戦の集い）がもたれ、私も参加した。尹の生涯を描いたドキュメンタリーが上映され、講演なども行われた。会の後半は石川逸子さんらが自作の詩を朗読し、私も自作の詩を朗読した。少人数だが、コリア研究の学生や、韓国文学などを翻訳している青柳純一さん、ピアニストの崔善愛《チェソンエ》さんらにも再会して、充実したひと時となった。

尹東柱は、今、韓国で最も親しまれている詩人の一人である。一九一七年に、現在の中国延辺朝鮮自治区に生まれた。当時の社会状況は不安定で、日本の弾圧で学校が閉鎖されるなどして学校を転々とする。四二年、日本の立教大学に入学。同年十月に京都の同志社大学に編入するが、翌年、治安維持法違反の疑いで逮捕される。独立運動をしたという理由で懲役二年の刑が確定し、福岡刑務所に収監される。そして、四五年二月、終戦をまたず謎の獄死をとげる。享年二十七歳。没後三年、弟の手によって故郷韓国で詩集が刊行される。

一〇年ほど前、私はソウルの延世大学構内にある尹東柱の詩碑を訪ねた。かつて東柱は日本に渡る前に同大学（当時は延禧専門学校）で学んでおり、詩碑の近くには彼が過ごした宿舎が今も残されている。碑には次の詩が刻まれている。

死ぬ日まで空を仰ぎ／一点の恥辱なきことを／葉あいにそよぐ風にも／わたしは心痛んだ。／星をうたう心で／生きとし生けるものをいとおしまねば／そしてわたしに与えられた道を／歩みゆかねば。／今宵も星が風にふきさらされる。（序詩）

まるで死を予感したかのように、大戦前の暗い世相が映し出されている。植民地下の朝鮮では、本来の苗字を名乗ることが許されず、日本名を強いられた。尹ではなく平沼と名乗った。ハングルの使用を禁止されたが、ハングルで詩を書いた。それだけのことで逮捕されたのか。

生誕一〇〇年を迎えた今、尹東柱の詩が愛《いと》しまれ、読まれている。それは韓国市民だけでなく、日本の市民の間でも共感をもって迎えられている。

宮古池間島、1975 年
（撮影・比嘉康雄）

III　琉球の女性原型

琉球の女性原型——族母としてのノロと弾圧されるユタ

はじめに

私たちが、女性原型というとき、二つの問題が浮かび上がってくる。一つはその原型像をどの時代まで遡《さかのぼ》るのかということである。二つは現代に生きる私たちがその原型像に何を求めるのかということである。一の問題については、原型を時間軸として捉える場合、一般的には原型＝基層＝縄文時代というふうになる（ただし本稿では時代を基層＝古層という程度の幅をもたせた時間概念としておきたい）。

二つめは、なぜ女性原型を求めるのか、ということである。おそらく現代ほど人間についてのアイデンティティが、あるいはそれを包み込む社会が揺れている時代はないであろう。それは男と女のアイデンティティの揺れと置きかえることもできる。「伝統的な男の役割・女の役割」の価値の転換もせまられている。「原始女性は太陽であった」というように、ある時代の女性のありように私たちは無意識に期待するものがある。ある時代とは、山姥伝説が成立する以前であろうし、沖縄でいえば、父権性の色濃くなる薩摩の琉球侵略以前のことであろう。

しかし、「女性原型」を考えていくにあたって、時間を遡るだけではなお問題が残ることが予想される。それは歴史の層をいくら剥《は》いでも、実存的な意味で生＝性の本質にせまることができるだろうかということである。それは、これから本稿で述べることになるユタが今日もなお生まれ続けていることからもいえるし、もっと根源的な問い、生＝性への問いに答えることができるかということでもある。

さて、迷路にはいる前にとりあえずの本題にもどることにしよう。沖縄の女性原型というとき、ここでは、今も古代的様相を伝えている祭祀の中の女性像と、ユタ（シャーマン）をその原型とした。祭祀では多くの女性たちが様々な役割をになっているが、その最高のリーダーであるノロで代表させたい。一方、ユタは祭祀の外にいる存在として、薩摩の琉球支配以後は常に弾圧の対象となってきた。いわゆる「ユタ狩り」である。沖縄には「山姥」の伝承はない。山姥を、共同体からはみ出した存在、体制から弾圧された存在として象徴させるならば、「ユタ」がまさにそのような存在として語られるであろう。「ノロ」が共同体の司祭者としてあがめられ、後に制度化されたのにくらべ、霊能力者としてのユタは、時の権力者から弾圧の対象となり、差別を受けてきた。本稿では、以下に琉球の古代村落における男と女の関係と、琉球王府によるノロの制度化、薩摩支配後の祭祀の弾圧と父権社会への移行過程、および琉球王府の「ユタ狩り」について述べたいと思う。

今なお島々に残る祭祀は、古層の女性たちと現代に生きる私たちを繋《つな》ぐ唯一の架け橋であり、それを通して私たちは古代女性の原像にせまることができる。

祭祀の主体としての女性

(1)琉球文化圏の定義

「沖縄の女性原型」とは、正確には「琉球弧の島々における女性原型」とすべきであろう。琉球弧という場合の地理的範囲は、奄美諸島、沖縄諸島、宮古諸島、八重山諸島がその範囲に入る。奄美諸島は現在、鹿児島県の行政区であるが、歴史を遡ると奄美諸島は一二六六年に琉球の中山《ちゅうざん》王府に入貢した。そして慶長以後は薩摩の直轄となったが、それ以後も祭祀者であるノロは琉球王の冊封をうけたといわれる(1)。したがって、奄美諸島は、文化的に琉球文化の古層を色濃く残しているといえる。一方、最南端の八重山諸島は中山王府への入貢は、奄美より遅く一三九〇年であり、文化的にも台湾や東南アジアの影響を強く受けているといわれる。

したがって、一口に沖縄といっても、それぞれの島によって違いがあり一律に括《くく》ることは困難であるが、琉球弧の祭祀全体を著しく特徴付けるものとして「女性主体」ということをあげることができる。

(2)祭祀の現状

沖縄では、祭祀の主体は女性がになっている、と一般的にいうことができる。しかし現状を述べるならば、沖縄本島のように都市化が著しい地域では、祭祀そのものが失われてしまったり、祭祀者であるノロが途絶えてしまい、かわりに男性(自治会長)がその代理をつとめていることも多い。祭祀の消滅の原因はいくつかあげることができるが、その一つに戦争による村落の破壊や、その後の軍事基地建設で村落の強制移動による伝統文化の断絶があげられる。祭祀にとって最も重要なのは、祖霊神や自然神の宿る大地である。村落の神々が宿るウタキ(御嶽)こそが、女たち(神女)が祈り、命の再生をくりかえす場である。そして、水の神が宿る井泉(カー)は、ムラの創世にかかわり村人たちの命を繋いできたかけがえのないものである。それらの聖なる場の喪失は、そのまま祭祀の崩壊につながった。

同時に、祭祀の主宰者であるノロが戦争によって亡くなり、その後後継者が途絶えてしまった地域も多い。戦後ムラが再建され、ウタキが守られた地域でも、ノロが断絶した地域では、祭祀を自治会長が行うことが多い。その場合、祭祀の本来の儀礼は省略される。

一方、沖縄本島に近い、久高《くだか》島、渡名喜《となき》島、粟国《あぐに》島や宮古や八重山の島々には今も女性主体の古代的要素を残した祭祀が息づいている。

(3)宮古・狩俣部落の祭祀構造

宮古島の狩俣《かりまた》部落には年間を通じて四〇回以上の祭祀が行われている。部落(ムラ)の女性たちは一生に一度はなんらかの形で祭祀に参加し、神女(カミンチュ)となる。日本本土における巫女は「神に仕える」女性のことを言うが、沖縄では神女とよばれ、祖霊神や自然神に仕える存在(媒体)であると同時に神そのものとして語られる。日常的には主婦であり母である女性が、ある日、神になる。(2)

狩俣部落は、フンムイとよばれるなだらかな森の下方(西側)に広がっている。森にはムラの創世にかかわる井戸やウタキがあり全体が聖地になっている。森の向こう側(東)はサンゴ礁の海である。海をわずかに隔てた所に大神《おおがみ》島とよばれる島があるので、東の海はまるで内海のような浅瀬(イノー)である。イノーは無尽蔵に貝や海草、熱帯魚の「湧く」海であった。

注目すべきは、その浜や森が、祭祀のおこなわれる場所だということである。狩俣部落は、幾つかの血族集団から成っていて、その宗家をムトゥとよんでいる。ムトゥの神々を祀ったムトゥ家は、それぞれ森のふもとにあり、毎月、旧暦の一日と十五日に族母を中心とする女性たちが早朝に祈る。各自が御馳走をもちより、お供えした後には共食をし、世間話にも花をさかせる。このように、祭祀には家レベルのもの、ムトゥ・レベルのもの、ムラ全体で行われる祭祀があるが、その時にもこのムトゥは重要な儀礼の場となる。

男と女の対の神屋

ムトゥで興味深いのは、たとえばムトゥの中でも最も中心的な位置にあるウプグフムトゥの場合をみると、女神たちの家と男たちの家が別々になっていて、対の形でむきあっていることである。男たちの家を「パイヌヤー」とも呼び、「オジーたちの集会所」とも呼んでいる。その対の家の間にある広場で歌舞がおこなわれる。女神たちの家の祭壇にはアサティダ（男神）とンマティダ（女神）の高炉が置かれている。高炉は神々のよりしろとされている。私自身は祭祀をいくつか垣間見た程度なので、祭祀そのものの内容に踏み込むことはできないが、少なくとも、ムトゥ・レベルの儀礼で見るかぎり、男の女の役割がハッキリしていて、女性たちが祭りの中心を担い、祭りの日取りを決めたり、神々に供える料理をつくるのは、もっぱら男たちの役割である。男たちが神謡を歌う場面もあるが、祭りは圧倒的に女たちのものということが

宮古島狩俣のウヤガン祭り。森から下りてくる神女たち。建物はムトゥ屋で、頭には草冠をかぶっている（1995年12月 著者撮影）

できる。

そして、祭りがムトゥでの儀礼を終え、次の段階に入ったとき、男たちは祭りから排除される。森のふもとにあるムトゥでの儀礼がおわると、次に祈りの場が森の奥や海辺にあるウタキに移される。ウタキは男子禁制の場である。男の出入りがゆるされるのは、冬の祭りである「ウヤガン(3)」の時、神女たちが籠もる草掛けの小屋を作る準備段階のときのみである。

ムトウ家とウタキを時間系列でみたとき、ウタキの創成がふるく、ムトウの時代はそれよりも新しい。つまりウタキ時代という女性中心の古層の時代があり、そのころ人々は海辺や森の中に住んでいた。次の時代になると人々は森の裾野に移り、男と女の対の時代になる。祭祀場の位置や変化、祭祀における儀礼がそのことを鮮明に語っている。
現集落から森をみると、裾野にあるムトゥ＝男と女の対の時代（中世以降）、森の上にあるウタキ＝母系時代（古代）、平地の現集落＝父権社会（近代以降）という図式ができあがる。今なお残されている祭祀に、それらのすべてが語られているのである。

神歌にみる女性像

狩俣部落では祭礼の時、実に多くの神歌が謡われる。冬の祭りウヤガンでは、夜を徹して幾晩も神歌（フサ）が謡われる。神歌には神々の誕生を愛でるものや、島やムラの創世を謡いあげたものがある。その歌の一つが「マズマラの歌」で、ムラを創成した女性を讃えた歌である。歌（フサ）は五九節にもおよぶ長いもので、はじめに神々が、この地に降りてくる様をうたいあげる。

神は和やかに
主は穏やかに
根島から降りてくる時には

にはじまり、

大城真玉が
昔からの真玉が
一番最初に
五人の子を生んで
七人の子を生んで
マバルマを生んで
先の子を生んで
真山戸を生んで
家の主を生んで
家の主の次には世勝りを生んで
鳴響む子を生んで
鳴響む子の次にはシシミガを生んで
神の誘い子を生んで

（以下略）

この歌は、対句の形式で連綿と続く。しかも、さまざまな物語の要素が入っているので筋を追うのはむつかしい。ここで読み取れるのは次々と子どもが生まれ、ムラが発展していく様をあらわすと共に、生命の連続性を謡いあげている。そして次にくらしにかかわる内容が謡われるが、ここでは割愛した（『南島歌謡大成・宮古編』角川書店、一九八一年。原文は宮古言語で、歌の一部を紹介した）。

また古謡には、神女を讃えた歌も数多くある。久米島の最高神女・君南風《きみはえ》に関する歌もその一つである。一五〇〇年、琉球王府は八重山でおこった「アカハチ・ホンガワラの乱」鎮圧のために兵を送り出すがその際、君南風《きみはえ》を先頭に打ち立てた。一方それを迎え撃つ八重山軍勢も多くの神女を先頭にたて、両軍は相対峙し、呪術合戦を行った。古琉球の戦は女の霊能力による戦いであったのだ。

記録には、勝利をおさめた君南風を讃える歌が残されている。

くめの、きみはいや　　久米の君南風は
まえに、かち、よてこう　　前の方に寄っておいで
なさが、めづらしや　　父は、お前がことの外いとしい
おとと、きみはえや　　妹娘、君南風よ

まへに、かち、よてこう
こむて、とて、みらに
まえに、かち、よてこう
しま、えりぎや、ほしやす
やえま、しま、おわちやれ
くに、えりぎやほしやす
きちやらたけ、おわれちゃれ
なかち、あやみやに
いん、げらへありる
うきおほじが　おわにや
いん、げらへ、あらまし
くむさうずや、ちよむ
みちい、いじい、いき、のばまし
くたる、つちや、ちよむ
みちへ、いじへ、あよ、のばまし

前の方へ寄っておいで
組手をとってみようじゃないか
前の方に寄っておいで
島欲しいためにこそ
八重山島においでになったね
国を手に入れたいので、それで
キチヤラ嶽にこられたね
仲地の綾庭に
家をつくってあげる
大祖父が島に居られなかったら
ここ八重山に家をつくって居られたいが
せめて汲む清水なりとも
見ていって息伸びになさい
せめて踏む土なりとも
見ていって心を休めてほしい

（嘉味田宗栄『琉球文学序説』沖縄教育図書、一九六六年）

これは、今でいう戦の歌ではない。なんとも穏やかといえる歌である。しかし真意は、私の解釈によれば「たいそう霊力（セジ）の高い君南風なる神女がやってきたぞ。ほこり高い神女であることよ。せめて館を作ってさしあげたいが、ここは異郷の地。そういうわけにもいきますまい。ならばせめて美味しい清水でもお飲みになって心やすらかにお過ごし下さい」と、君南風の機嫌を損ねぬようにたいそうな心づかいをしているように見える。また言霊を信じていた世界では、穏やかな言葉、美しい言葉を使うことで相手の闘争心を鎮めるということもある。ちなみに、ここで言う父、大祖父とは祖霊神のことである。

呪詛は、言葉の力で相手を失墜に追いやることである。神女たちは、美しい言葉で神々を愛で、ムラの豊穣を祈ったが、一方で田畑を荒らす害虫に対しては容赦のない言葉を言い放った。

東方の清らな浜からお生まれになったひの神さまよ、今日のよき日にお願いいたしましょう。稲をお守り下さって、石実金実のりっぱなみのりになさって、あぜを枕とするほどにしてください。

ちがやの下に、居所をかまえて、すんでいて、熊手でひっかけるようにして、打ってははきよせ、かけてはよせ、せっかく、みごとに実のついたいねを、だめにしふみにじる奴、そいつは、食はば食い死に、抱かば抱き死にさせて、苦虫辛虫の奴、泥の下土の下に蹴おとし、青かび、黒かびは干瀬の外、波の外に追い出し、大誓いさせ、世誓いさせ、心からの誓いをさせて、面も体もろくにあげることができぬようにし、五潮騒をこさせ、七潮騒をこえさせて、今日から、いまのいまから、みごとなみのりの稲穂を実入りさせて下さるようにお守りください。

（嘉味田宗栄『琉球文学序説』口語訳）

これは「火の神の前のおたかべ」とよばれるもので、対句が続くため一部割愛した。ありったけの悪口を並べてて害虫を追放する。「対句による強調は、執念のすさまじさがうずまいている」と、著者は記している。

おそらくこのような祈りごとをする女性はノロであれ、ユタのような霊能力をもっていたのではないかと思われる。ノロとユタの同一性である。

十五世紀におけるノロの制度化

さて、ムラの祭祀を司る最高の地位にある者をノロ（沖縄本島とその周辺）、宮古島ではツカサと呼ぶ。前述のように、今日も継承されている祭祀儀礼や祭祀儀礼を執り行う空間（場）などを通して、私たちは古層における女性の地位や世界観を知ることができる。ところで、古層のムラムラで自由に行われていた祭祀が、中央王府の整備強化の過程で制度化されることになる。一四七七年に即位した尚真《しょうしん》王は、地方の按司（豪族）たちを首里に住まわせるという中央集権化を図ったが、それと同時にムラムラのノロを王の任命制とした。そしてその頂点にある者を聞得大君《きこえおおきみ》として王の妹、後に妃がそれにあたった。こうして王と聞得大君による祭政一致、二重主権(4)による政治がうまれた。伊波普猷《いはふゆう》は「中央集権と祭政一致(5)」の中で次のように記している。

「諸間切(6)の按司が首里に永住するようになったが、はじめのころ按司たちは祖先の墳墓に参拝するために故郷を見舞うことがしばしばあったが、こうして彼らを故郷にかへすといふことは、復古的の考えを起こさせる基になり、政策上好ましくないので、首里に三箇所の遙拝所を設けることにした。この三箇所に神官（女性）を任命し「大あむしられ」となづけた。この三人の「大あむしられ」はそれぞれの地域を割りあてられ、その下に地域のノロたちを従えた。ノロは地方の名望家の女子が任命され世襲になっていたが、任命される時には、大あむしられの所にいって、辞令を受け取ったのである」（筆者要約）とある。

このようにして、ノロは王府の任命制となり保護（特権）を受けることになる。具体的には、土地の私有をゆるされていなかった当時、ノロには「ノロ地」として土地が与えられた。

薩摩による祭祀および女権への弾圧

琉球の祭政一致の政治・文化はやがて一六〇九年の薩摩の侵入によって、大きく変化することになる。薩摩の政策（とりわけ文化政策）とは、一言でいうと琉球のヤマト化[7]・同化政策である。その政策を琉球の側で推進したのが摂政・羽地朝秀《はねじちょうしゅう》（一六一七〜一六七五年）で、『羽地仕置』で知られている。仕置は羽地が出した法令や訓令を後に編集したものであるが、それには「政教分離」「綱紀の粛清」「質素倹約の励行」「迷信の打破」などがある。

「薩摩は琉球の歴史的・伝統的な支配体制を悦ばず、占領後に琉球に与えた『掟一五カ条』の中の一条に『女房衆之知行遣はさるまじきこと』と規定した。薩摩は収入源を取り上げることによって聞得大君の地位を低下させ、固有信仰のもつ勢力を弱めようとし、あわせて仏教（禅宗・真言宗）の信仰を強要した。それを受けて羽地は聞得大君の位階を王妃のつぎに下げた。また間切のノロを招いて行う祭礼を禁止して経費の節減をはかった。さらに国王の神事行事の参加に制限を加え、離島の神女たちの朝観を禁じた。」（大橋英寿『沖縄シャーマニズムの社会心理学的研究』）と、あるようにそれ以後女性たちの立場は後退させられ、聞得大君の制度も廃藩置県まで存続していたが、形だけのものであった。

また王は、琉球王府の創世神話の発祥の地である「久高島参拝」を行っていたが、これも廃止された。さらに一七一三年には『琉球国由来記』が王府によって編纂され、ウタキの調査と統廃合が行われ、王府にとって好ましくないと思われる祭りには禁止令がだされる。しかし、もともと村落共同体で発生し、営まれてきた祭祀は王府の禁止令を潜り抜け、今日まで継承されてきた。

霊能力者としてのユタと弾圧の歴史

ユタ（シャーマン）とは、どのような存在であろうか。ユタの発生については諸説がある。ノロ分化説、根神分化説(8)、クデイ分化説(9)がある。だが、一方では、それらの源流はひとつであって古くは部落全体の宗教的機能に関与していたという考え方がある。

伊波普猷はユタについて次のように記している。「琉球には医者巫女という言葉があるが、これは医者および巫女という二語では無く、二者を兼ねた者をあらわす一つの語であって、ポリネシアのメジシンマンや支那北方民族のシヤマンと同じ意味の言葉である。琉球語でも、国語と同じく、巫女のことを物知りといっているが、これはトキ・ユタが、部落中で最高の知識の所有者であることを語るものである。単に占いをするばかりではなく、歴史もそらんじて居れば、病気を癒してやり、その他何でも知っているという重宝な連中なので、政教一致時代においては、ノロという聖職以外に、公認された職業で時之大屋子がこれを統率して政府の御用を勤めたことは一七〇六年程順則等の学者によって編纂された『琉球国中山王府官制』の語るところである」とあり、ユタが人々に尊敬され、ある役割を果していたことがわかる。

ユタの存在がきわだってくるのは、ノロが制度化された以後だと思われる。すなわち「ノロ制を国家官僚体制に包括して公的性格を強調し、民間のユタを体制外に疎外したため、両者が完全に分離した(10)」のであろう。未分化であったユタとノロが、ノロが制度化されたため、ユタが祭祀から分離されていったものと思われる。

ここで、歴史的な考察を離れて今日の身近なユタについてふれておきたい。筆者はある事情でユタの能力を有する女性（当時八十五歳）と、親子のような付き合いをしたことがある。彼女は一人暮らしで、戦前・戦後を通して数人の男性との付き合いがあったが、誰とも結婚の形はとらなかった。彼女の霊能力が結婚という制度に調和することができなかったという見方もできるが、他のユタが必ずしも単身者とは限らないのでそのへんのところはよくわからない。

彼女は独自の宇宙観をもっていた。海神と井戸の水神は地底でつながっており、決して井戸は埋めてはならないという。また海水は男で、井戸水は女性であるとも言った。また彼女は自らをユタとして自覚しており、他が嫌がることを引き受けて謝礼をもらっていた。たとえばお墓に関すること。あるいは、新興宗教に入会はしたものの御本尊を返上したいが、本人は罰をおそれて処分する勇気がないので、その処分を引き受けたりしていた。「私には、悪霊を鎮めたり、祟《たた》りを外す能力があるからだいじょうぶ」とのことだった。彼女のくらしはすべてが祈りだった。お茶を飲むときにもまず茶碗を上にかかげ神に捧げた後、口をつけた。その姿は美しかったが、しかし、大晦日に我が家に招待し、正月を共に過ごしたことがあったが、その時我が家の庭に彼女は黒い影（さまよう死霊）を見たようだった。私がお願いをすれば彼女はそれを祓《はら》ってくれたと思うが、私はその言葉を無視した。正直いってうっとうしかった。私には、彼女には聖なる顔と、邪悪な顔とが同居しているようにみえた。そして彼女は近所の人たちから尊敬されているようにも見えたし、侮蔑されているようにも見えた。

さらに、宮古島では、シャーマンのことをカンカカリャーとよぶが、ある女性は自由に空を飛ぶことができると語った。彼女は日常的には海亀の保護にもかかわり、地域の婦人会活動にも積極的に参加していた。

ユタやカンカカリャーは、ムラの祭祀には直接かかわっていない。一人一人が独立した宇宙観をもち、そのためたいていの場合ユタ同士は仲が悪い。彼女たちは個人主義に徹しているように見える。

歴史的にみるユタの弾圧

ユタの歴史は、その存在が民衆の必要に応えているものであるにもかかわらず、権力の側からは常に弾圧の対象になっている。今日のフェミニズムにおいても、ユタは絶対悪として語られることが多い。以下にユタ弾圧の歴史を記す（区分は『沖縄シャーマニズムの社会的心理学的研究』に従っている）。

1　十七世紀後半、羽地朝秀の政治改革にともなうユタ禁止
2　十八世紀初頭、蔡温の政治改革にともなうユタ禁止
3　廃藩置県後、十九世紀末知事の通達や、間切・村の内法にもりこまれたユタ禁止
4　二十世紀初頭、大正初年の近代化推進下での「ユタ征伐」
5　昭和十年代、戦時体制下の「ユタ狩り」
6　昭和五十五年からの「トートーメー問題」

1、2の時期は、薩摩侵略後の政策によるもので、その背景には薩摩や羽地朝秀の「迷信打破」などという表向きの口実があるが、怪しきは罰するという、体制維持の政策である。3の時期は明治政府による沖縄への日本同化政策が背景にある。4の時期は明治三十六年の沖縄の土地整理

が終了し、以後大正にかけて、沖縄の近代化、日本への同化が地元の「新聞」などで強調され、ユタ征伐のキャンペーンが行われている。5の時期は戦時体制下の「ユタ狩り」である。その背景には、政府の宗教統制、世論統一などの政策がある。沖縄独自のウタキ信仰に対しても、国家神道への統合がはかられ、ウタキに鳥居が建立された。沖縄のウタキにはもともと鳥居などはなく、今日みられる鳥居も戦時下における国家政策によるものである。ノロたちも日本本土の巫女教育がなされたが、徹底しなかった。6は復帰後に行われた新聞キャンペーンに端を発した。いわゆるトートーメー（位牌）の男系継承問題である。位牌の継承者＝財産継承＝男性であるため、この慣習が新民法に反するという考え方である。これにユタ問題がからむのは、位牌の継承問題にユタの「おつげ」が大きな影響をもたらしていることからきている。この問題はいまなお決着がついていいない。

おわりに

女性原型を探ることの意味を冒頭に記したが、忘れてはならないことは当時の女性たちの社会的地位を正当に評価すると同時に、彼女たちの世界観や宇宙観・生命観に学ぶことではないだろうか。古代的祭祀の中で女性たちが伝えていることの最大のことは、祖霊信仰を通して語られる生命の再生の物語であり、生命が親から子へと永遠に連なっていく生命神秘の物語である。また、自然神の信仰は、権力指向とは無縁のところにあり、これからの共生社会にむけて大きな示唆を私たちに示してくれている。

ユタの宇宙観も必ずしもすべてが迷信や荒唐無稽なものばかりではなく、ここにも生命の営みを理解する鍵を見いだすことができる。現代に生きる私たちは、琉球弧に今も存在するユタとノロから何を学びとることができるだろうか。確実に滅びるものと、時代が変わっても変わらないものがあるとすれば、その普遍を女性原型の中にみいだすことができるか、探究の旅はまだ続けられねばならない。

注

（1）「面白いことにはこの大島は慶長以後薩摩の直轄となってからも、のろは琉球王の冊封を受けたのである。沖永良部《おきのえらぶ》島では八回も任命になっている。思うに怜悧な薩摩の政事家は琉球からのろが任命されたとて別にさしたる害もなかったから下手なことをして島民を騒がすよりはとて宗教だけはもとの通りにして置いて一種の両属政策をやったのだろう」（『伊波普猷全集』第二巻「古琉球の祭政一致と島津氏の南下」より）。

（2）ムラの女たちはある年齢に達すると、神女になる資格が認められる（比嘉康雄『神々の古層・主婦が神になる刻』ニライ社）。

（3）ウヤガンは旧暦の十月から十二月に五回にわたっておこなわれ、いずれも二日から四日の山籠りを伴う。祖霊神が森から現れて、ムラとムラ人に幸をもたらす。ウヤガンとは祖霊神のことである（比嘉康雄『神々の古層・遊行する祖霊神ウヤガン』）。

（4）佐喜真興英は『女人政治考』の中で「古琉球に女君が存在し其の霊力で島国を支配して居たことが分かる。固より男性の王も存在した。女君独裁ではなく王と二重統治権をなして居た。然しオモロを通じて見るならば女君は国王より優秀意思の所有者であったことを知り得る。即ち女君は第一次主権者で国王は第二次主権者と称することができるのである」と記している。

（5）『伊波普猷全集第二巻』平凡社。

（6）間切とは、古琉球から一九〇七年（明治四十）まで存続した沖縄独自の行政区画単位。

（7）広い意味では沖縄から本土をさす言葉。古くは沖縄では薩摩のことをヤマトと言った。江戸時代には幕府をさしてオオヤマト（大大和）と言った。さらに拡大されて日本全体の意味に理解されるようになった（『沖縄大百科事典』）。

（8）村落の草分けの家を沖縄では、根屋・元屋・大屋・根人屋・根神屋などと称している。根人《にっちゅ》は草分け家の兄弟であった者が、根神《にがみ》はその兄弟の姉妹であった者が宗教的支配者と化した（宮城英昌『沖縄ノロの研究』吉川弘文館）。

（9）クデイは、おこで、クデイングワともよぶ。門中（血族集団）の祖霊神につかえる神。

（10）大橋英寿『沖縄シャーマニズムの社会心理学的研究』一九八九年、弘文堂。

オナリ神信仰と男性中心の発生
――沖縄の古層文化と女性　薩摩侵略以降の変容――

はじめに――「女人禁制」問題に応えて

オナリ神とは姉妹の霊力をあらわすもので、オナリ（姉妹）はエケリ（兄弟）を守護するという琉球の根源をなす信仰である。

「女人禁制」を辞典でひもとくと、「僧の修行の障害になるとして、女子の山内に入るのを禁ずること」と、記述されている。琉球・沖縄では仏教が民衆に広まることはなかった。とすれば仏教の戒律をもたない琉球・沖縄には、そのような禁忌はないということになる。

むしろ祖霊信仰やオナリ神信仰、アニミズムを基本とする沖縄では、祭りの中心は女性である。

男は海人《ウミンチュ》、女は神人《カミンチュ》といわれる島グニでは、男たちは漁労につき、女たちは土を耕し祭りの担い手となった。したがって聖域である御嶽《ウタキ》には男は立ち入りを禁じられていた。男が立ち入ることができるのは祭りの準備段階の一定の期間に限られている。

したがって、ここでは仏教が広く流布することのなかった琉球・沖縄の事例をみていくことになるが、この場合、琉球・沖縄の地域を「仏教以前」の文化とみるべきか、あるいは全く独自の「文化圏」としてとらえるべきか。少なくとも琉球・沖縄には日本文化圏とは違う独自の信仰や暮らし、慣習がある。

とはいえ琉球・沖縄が、日本の文化と切り離された存在かといえばそうではない。縄文の時代からすでに南島産の貝は北上し、北海道の遺跡からも発見されている。また、仏教がまったく受容されなかったわけではない。七世紀、遣唐使を乗せた船は、琉球の島を経由することもあったし、十二世紀には、浦添グスクの西に寺が建立されたと、記録されている（『浦添市史』）。その寺の名を補陀洛山・極楽寺という。

琉球における仏教の最盛期は尚泰久《しょうたいきゅう》王時代（一四五四〜一四六〇）と言われる。後に薩摩の侵略により薩摩の捕らわれの身となった尚寧王時代に琉球に滞在した浄土宗の高僧袋中上人はその著『琉球神道記』（一六〇五年）に次のように記している。

「初め国土の中から高い処を選んで王城として簗居し、中山府と命名した。その景観は八偶を広く兼ねそなえ、干三を離れ、神の祠を元にして遠長く囲みめぐり、神明の加護霊験あらたであり、禅教の寺院がつらなり並び、信仰祈願礼拝を欠かすことは一日としてなかった」（宜野座嗣剛訳『全訳・琉球神道記』）。

また、名幸芳章は原文に付して、「王宮が石垣に囲まれて高く聳え、王城の近くには聞得大君《きこえおおきみ》御殿を始めとして首里御殿、真壁御殿、儀保御殿、弁の御岳宮、社壇などの数多の神祠が城を遠巻きにしたように並んでおり、城の近くには円覚寺、天界寺、天王寺、天龍寺、報恩寺、広厳寺、健善寺、竜翔寺、安国寺、相国寺、広徳寺などの大寺院がいらかを並べてその威容を誇り、王都首里は十重二十重に神社仏閣で荘厳されていた。と、具体的な寺社を書き加え、その時期には寺院が一〇〇近くあり、僧侶も三〇〇人ほどがいた。僧侶は京都や鎌倉に留学し、日本の文化を学び持ちかえった。また外交僧としての役割も担った」（『沖縄仏教史』一九六八年）と。

一方、十七世紀以降仏教だけではなく中国からは、儒教と父系原理をもつ門中《もんちゅう》制度ももたらされた。薩摩の侵略後は、仏教の布教が禁じられたため、儒教とその影響を色濃くもつ門中制度が首里や那覇を中心に取り入れられた。女性中心の祭りが行われ、女性中心だった琉球社会に男性原理が持ち込まれるようになる。本稿では琉球・沖縄にどの様な形で男性原理が発生したのか、ということを歴史的に追ってみることにする。

女性が中心の祭祀

(1)根神と根人

沖縄のムラ（村落）には、ムラの後方《クサテ》の森《ムイ》に御嶽《うたき》と呼ばれる祖霊神の祀られた祭祀空間がある。そこには、神社にみられるように鳥居や建築物はなにもない。あるのは石灰岩を削ってつくられた香炉や、魔よけの貝である。人は死ぬとこの森に帰るといわれ、祭りの日、神人となったムラの女性たちが祖霊神となった死者たちと対面するのである。

この御嶽の森に最も近い、下方の家が草分けの家で、ニーヤ（根家）と呼ぶ。この家の当主をニーチュ（根人）、その姉か妹をニガミ（根神）と呼ぶ。ムラの祭祀はこのニガミが中心となり行う。男であるニーチュはその補佐を行う。ニガミはノロとも呼ばれ、後には国家祭祀に取り込まれ、王から辞令を受けることになるが、琉球の村落における祭祀の神役はこれが原型である。

(2)オナリ神信仰

オナリ神信仰とは、姉妹が兄弟を守る、という信仰である。霊的には女性の方が勝っているのである。魑魅魍魎《ちみもうりょう》、悪霊に満ちた世界では腕力だけではどうにもならない。霊的な力こそが、兄

リュウグウ願い（宮古島狩俣で。1993年著者撮影）

弟を守ることができるのだ。旅、あるいは漁に出掛けるとき、姉妹が手織りのサージ（布）を兄弟に送るのは、そのような意味がある。

家レベルのオナリ神信仰が、国家レベルの信仰となったとき、国王に対して、その妹（後にはその夫人）が、王の守神として聞得王君となる。王は聞得王君《きこえおおきみ》の霊力を受けることなしには、王としての力を発揮することはできない。高群逸枝がその著『女性の歴史』で、沖縄出身の法学者で人類学者の佐喜真興英の「女人政治考」を引用して、琉球の政治は男と女による「二重主権政治」であった、と言わしめている所以である。

（3）オナリ神信仰と国家祭祀

尚真王《しんしょうおう》（一四七七年即位）は、オナリ神信仰を国家の祭祀制度に取り入れ、ムラムラの祭祀のリーダーである根神を聞得王君のもとに集合させ、ノロ制度をつくり出し任命制とした。また尚真王は地方の按司《あじ》（豪族）を首里に集合させ中央集権化を図った。一方で海外交易が最も栄え、外来の宗教、仏教の寺が数多く建立された時期でもある。

ここで興味深いのは、琉球独自の祭祀形態が国家レベルまで確立され強化される一方で国家の政治に仏教が取り入れられることである。冒頭に記したように、首里城の回りには、寺の甍が軒を並べたとある。しかし、ここで強調しなければならないのは、仏教が庶民には行き渡らず、檀家制度もなかったことである。

仏教は、海外交易や国家間の外交の手段として、アジア共通の宗教・文化・言葉としての役割を担っていた。前出の『沖縄仏教史』によると「仏教の隆盛時代に外交使節として室町幕府や薩州などに派遣された僧も多かったが、是等は外務大臣とか特命全権大使にも比すべき待遇を与えられ、菊隠国師は五色浮織袈裟を賜って正一品となり、王子待遇を受け、総理大臣に任ぜられ、知行八百石を支給された」とある。またこの菊隠は島津が琉球に侵略してきた際、島津側の僧侶と接触し、講和を打診している（上原兼善『島津氏の琉球侵略』二〇〇九年）。

(4)ユタ(巫女)の存在

ユタとは、ムラの祭祀を担う公的なノロと違い、葬式をとりしきったり死者の霊の口寄せをする、サーダカ(霊威の強い)生まれの人のことをいう。つまり、ノロとユタは別々の者、能力として考えられているが、しかし、ユタの発生については、ノロから分化したもの、根神から分化したものという説もある。

いずれにせよ、ユタの存在がきわだってくるのは、ノロが制度化されて以後だと思われる。未分化であったユタとノロが、ノロが制度化されたため、ユタが祭祀から分離されていったものと思われる。今日でも、祭祀が息づいている宮古島では一人の神人がその両方の役割を担う場合ある(宮古島ではノロのことをツカサと言い、ユタのことをカンカカリャーと言う)。

制度からはずされたユタは、たびたび政治的弾圧や批判にさらされてきた。政治的弾圧とは

一 十七世紀後半、羽地朝秀の政治改革に伴うユタ禁止
二 十八世紀初頭、蔡温の政治改革に伴うユタ禁止
三 廃藩置県後、十九世紀末、知事の通達や、間切、村の内法にもりこまれたユタ禁止
四 一九三五(昭和十)年代、戦時体制下の「ユタ狩り」
五 一九八〇(昭和五十五)年からはじまった「トートーメ」(位牌)継承問題をめぐるユタ批判

一、二は薩摩侵略後の琉球側の政治家によるもので、とりわけ蔡温は中国に留学した儒教者でもあった。五、については、以下に記述する、門中制度と男系中心主義（シジタダシ）への、批判ににかかわってくる。

男性原理の発生

（1）仏教・儒教と伝統的祭祀

「琉球国では民族宗教を制度化したものとは別に、外部から伝来した仏教、日本神道など『外来宗教』も国家祭祀に位置づけられていた」（後田多敦『琉球の国家祭祀制度』）と述べているように、王府の宗教組織は重層構造になっていた。

後田多はさらに平敷令治の言葉を引用して薩摩侵略以後は「王府年中祭祀は主として聞得王君以下の上級女神たち・禅家僧（臨済宗）・聖家僧（真言僧）の三組織によって分掌されるようになった。当時、神女らが九百余の御嶽を、禅家衆が三十余の寺院を管掌していたのに対し、聖家衆の拠点はわずか十一寺七社に過ぎなかった。この外見上の勢力比異常に、聖家衆の果たす役割は重視されていた。聞得王君以下の神女らが主として農耕儀礼を、聖家衆が現世利益・徐災招福の祈祷を、禅家衆が王家の葬式・先祖供養、を分掌した」とその役割を分析した、と述べている。

このように、首里王府においては、伝統的宗教、外来宗教が入り乱れているが、ここで重要なのは、地域あるいは島々ではもっぱら琉球古来の御嶽を中心とする信仰が行われ、月々の祭祀が女性（カミンチュ）たちによって展開されていたということである。

一方で、中国からもたらされた道教や儒教は琉球の文化や慣習に大きな影響を与えた。道教の場合、火の神信仰や農業神など暮らしと密着したものが主なものであるが、儒教は政治と結びついた点で、伝統的な宗教にも大きな影響をもたらした。

羽地朝秀（一六一七〜一六七五）は、若いころから大和文化に親しみ、儒教を学んだ。一六六六年に摂政に就任すると『羽地仕置』と呼ばれる法令を出し、政治改革を行った。羽地は、王府の諸行事の簡素化を実行し、古い伝統行事を改め、行政から女官がつかさどる祭事を遠ざけた。具体的には、最高祭祀者である聞得王君の地位を低下させ、政治的影響力を弱めた。また、ここでいう古い伝統行事とは、これまで王が行っていた、久高島参拝の廃止を意味している。周囲八キロという小さな島ながら久高島は琉球発祥の地として崇められ、国王自ら赴き参拝を行っていた。『羽地仕置』に曰く。「久高祭礼の起源を聞くと聖賢が行うべき儀式でもなく、薩摩の人が聞けば女性巫女の参会はかえって嘲笑されることになる。久高の神を城近くへ勧請し、尊崇すればよい。諸仏を薩摩から勧請し尊崇するのと同じ理屈である」とし、それまで行われていた王の久高島参拝は廃止された。

また、中国に学び、儒教学者の蔡温（一六八三～一七六一）も、羽地と同様の政策を押し進めた。「儒教思想に基づく蔡温の改革は、王権儀礼における女神官の排除をおこなったが、これは国家祭祀を根本的に揺さぶるものだった」（前記・後田多敦）と言うように、薩摩侵略後は羽地、蔡温らの改革で聞得王君の地位は弱められ、祭祀自体への制限が加えられたのである。

（2）門中と男系原理

十七世紀に入ると、儒教の影響で古琉球的な王府の祭祀が変容してきたことは、すでに述べたが、さらに一六八九年に王府に系図座が創設されると、氏族と諸民（百姓）の階層がはっきりとわけられるようになった。本土のそれと違うのは、「王府から宗家・本家を中心とする一族には中国的な姓（麻や毛など）に一字が与えられ、同時に男子は本来の沖縄の姓名のほかに唐名をもつようになった」ことである（比嘉政夫『沖縄からアジアが見える』）。こうして、家譜・系図の作成は同時に、共通の祖先に父系の血筋が結びつく同姓同士のまとまりが現れ、門中が形成される。門中は沖縄的な言葉ではムンチュウと言い、一門《イチモン》という言い方もある。門中は、共通の祖先から別れた集団ということになる。「十七世紀後半に生成した沖縄の門中は、漢族的な姓の制度を氏族層が受け入れ、その姓は父系的な原理で受け継がれます」（前出・比嘉）。

このように、系図座の設置、門中の発生は、それまでの女性原理の濃厚だった社会から、父系的な要素が強化されていく。

(3)門中形成以前の原型的親族組織

十七世紀以降、父系原理が強くみられるようになったとはいえ、その象徴としての門中は首里や那覇の氏族を中心にはじまったものであり、沖縄島(本島)の北部地域で門中がみられるようになったのは大正以後だといわれているので、沖縄では門中の成立自体、歴史的に浅く、必ずしも男系原理がヒエラルキーとして貫かれているわけではなく、ゆるやかな面があるという。たとえば、門中を構成する個人は、父方の門中に属することが原則であるが、女性の場合結婚後も、祭祀のさいは母方に戻り、祭祀に参加する。したがって女性の場合は、母方と夫方の門中にかかわることになる。

また、家の継承について、沖縄では位牌の継承が最も重要である。位牌の継承については長男が最も優位にたち、長男が死亡したりなんらかの理由で、継承できない場合は、次男のそのまた次男が継ぐという形をとることが多い。本土のように婿養子はとらずに、あくまでも血筋を重要視する。

沖縄では一九八〇年、位牌継承問題(トートーメー継承問題)が大きく取り上げられた。位牌継承=

財産の継承なので位牌を女性が継げないのは女性差別であるということで、女性団体が立ち上がり、一方で『琉球新報』が長期にわたる連載をし、多くの女性たちが論陣をはった。このとき、批判の矢面にたたされたのが、ユタである。なぜならばユタたちが、この男系に位牌相続のシジタダシ（男系の血筋）に加担しているからに他ならない。ユタはあくまでもシジ（血筋）を正し、もしその禁忌を破れば家内の安全が守れないとするからだ。たとえば、ある主婦が、家庭内でたびたび不幸な出来事が続くとき、ユタを頼む。すると、ユタの答えはこうである。「それは、シジが乱れている。シジタダシをしなければならない」。それは何代か前におよぶ場合もある。ここでいうシジは、男系でなければならないのである。女性たちから、ユタが批判の矢面にたたされたのは、そういう事情による。

しかし、沖縄社会では、今日でもユタの存在は無視できない。まだまだ社会的需要は高い。そのためある精神病院では、ユタ的能力を否定するのではなく、患者の治療に役立てているところもある。かつて、ユタは精神科の医者の役割も果たしていたのである。

筆者もユタそのものの存在を否定する立場ではない。ただ、歴史的にノロ制度が国家によって形成され、そこからはみ出した霊的能力者が反体制的とみなされ、ユタ狩り（魔女狩り）の対象になったにもかかわらず、なぜ今日、父兄原理を正統とするシジ（血筋）を追うのか。

しかし、前述したように、男系原理の門中制度は沖縄全体としてはまだまだ未成熟なものであるということである。北原淳・安和守茂は『沖縄の家・門中・村落』（二〇〇一年）を著しているが、その中で奥野彦六郎（一八九五〜一九五五）の言葉を引用して次のように記述している。

「奥野によれば、百姓身分の間では廃藩置県までつぎのような状況であり、長男相続はまだ確立されておらず、婿養子も許容されていたという。『順次首里那覇の氏族間に於ける法則を理想にする情勢にはなって居たが、次男が家を継ぐのを普通とした部落もあれば、長男が死亡すれば大抵三男が継いだ地方もあり、長兄は順次分家独立して最後に末子だけが家に残って跡を継いだ所もあり、又婿養子の人選に付いても門中の内外等の点は甚だしくは問題にされず、門中から相続人を立てる場合でも、女子が積極的に好む処に嫁する習俗と対応したのであり、姉妹の中誰に婿養子をとるかの問題も一般的には確定して居なかったのである』。奥野はまた、戸主権の権限について、男一人で担うもでなく女も分担すること、女の戸主（イナグヌシ）がいることは、習俗的にも史料的にも確認できる」としている。

では、門中形成以前の原型的親族組織はどのようなものであったか。それについては、ここで、答えを即座に出すことはできないが、オナリ神信仰、女性中心の祭祀の儀礼を詳細に見ていけば、おのずと女性優位の形が見えてくるはずである。

琉球・沖縄の独自性

琉球では仏教や儒教が、王府や氏族の間に止まり、庶民に広く普及しなかった点で、琉球独自の女性中心の祭祀が今日まで継承されてきた。しかしながら、一方で首里や那覇の氏族を中心に用いられた儒教思想が、やがて地方に広まっていったことは前述したとうりである。本稿では琉球の社会にどのようにして男性原理が発生したのかを、垣間見てきたが、最後に、沖縄の文化の本土とは違う独自性について具体的な事例をもって述べておきたい。

(1)出産にかかわること

日本本土には、女性差別の一例として女性の血を不浄なものと見なす出産時における産小屋の存在があげられる。ところが、沖縄にはそのようなものはみあたらない。沖縄では女性が産小屋に閉じ込められることはなかった。次に紹介するのは、大正期の出産の様子である。

「出産は、家の裏座《クチャ》でした。表座には一番座、仏壇のある二番座がある。裏座には産婦の体を温めるため地炉《ジール》をこしらえた。夏であっても産婦には水を使わせず、産後の一〇日前後に地炉をかたずけ、表座に移る」。

《『南風原シマの民俗』南風原町誌第六巻》

「母親に火を当てて体を暖めることは、産後の悪い血が体内に残っているのを暖めてその血を出させる方法で特に大事なことであった。冬の寒い時期ならともかく真夏でもそうした」。

（『崎山誌』今帰仁村字崎山）

また、筆者が聞き取りした話では、

「産後の一週間をジールウチといい、産室の裏座で火をたき、体を温め、悪魔払いをした。火をたくジールは炉をきるのではなく、古い鍋を利用して、あらかじめ用意しておいた薪をもやした。後には炭を利用した。また産室の入口には魔よけの左縄（ヒザンナ）が張られた。ジールの期間中は親戚があつまり、男たちは隣室で酒を飲み、女たちは産婦と共にすごした。これをユートウジという。出産後四日間は一番大事にしなければならないときであり四日目を四日ジールという」。

（『字誌・なかま』（浦添市字仲間自治会）

このように沖縄では産屋というのはなく、母屋の裏座で出産後七日から一〇日を過ごした。ここで注意すべきは、地炉あるいは囲炉裏を設《しつら》えることである。沖縄の真夏にも火を炊いたのであるから、これは体を暖めるというよりも、子の命を奪う悪霊を守るための儀礼ではないか、と筆者は考える。なぜなら火は特別な力をもつ存在だと考えられているからである。また、産後は親戚が集まり産室を守るという風習もあることに注目したい。

(2)豚の解体と女性

沖縄の場合、豚をよく食する。この場合、たとえば豚肉を食する文化をもつフランスと沖縄の比較も可能である。

たとえば、フランスのブルゴーニュ地方の小さな村ミノの人々、とりわけ女性たちのことが描かれている『女のフィジオロジー――洗濯女・裁縫女・料理女』(イヴォンヌ・ヴェルディエ/大野朗子訳、新評論)に、豚にまつわる興味深い話がある。

ミノ村では祭りごとや祝い事に、豚を屠殺する。だいたい二、三軒に一頭屠り、肉をわけあう。子豚が七、八カ月後成長したころを見計らい、例えばクリスマスや新年の間にやる。まず屠殺の儀式。

「こうして豚が放たれるその瞬間から、しぐさや道具の上で、性の役割分担が顕著に顕れる。男は包丁をもち、豚を刺す。血がほとばしりでる。女は駆けつけてきて、切り口の下に鍋をさしだし、泡だつ血を受けとめる。血が流れでている間中、女は棒でかきまぜつづける。（中略）男たちは死の作業をつづけ、燃やし、切り裂き、塩漬けを作る。女たちは料理する」。塩漬けは、たくわえのため。料理とは豚を殺した日に食べるグリュオット（肝臓や心臓を細かく切り、タイム、ニンニク、タマネギ、赤葡萄酒を加え長時間煮込み、最後に血を加える）のことである。脂肪は溶かし、陶器の壺に貯える。

問題は塩漬けの作業である。これは原則として男の仕事となる。塩漬けには「なじむ」時期と「成熟期間」があって仕上がるが、この期間には月経時の女性は近よれない。すべてを台なしにしてしまうからである。「樽の葡萄酒、はちの巣のみつなど、ゆっくりした成熟は女が近よるだけで、はばまれてしまう。女は分離させる作用をもつ」。

塩漬けの瓶に月経時の女が手を突っ込もうものなら、たちまち肉は腐ってしまうというのだ。ところで、かつて沖縄にもフランスのミノ村同様、大晦日や祝い事に豚を屠る習慣があった。料理法は多少違うにしても、ひずめ以外のすべての部分を食する点や、塩漬けで貯えるなど、沖縄とフランスのミノのそれは全く同じである。

ここで問題にしなければならないのは、「月経時」の女が「塩漬け」の瓶の蓋を開けることへの禁忌だが、沖縄の場合、そのような視点で記述されたものはみつからない。ただ豚解体での男女の役割分担はあり、やはり、豚の心臓を一突きにするのは男性である。その日の料理も女たちが「血いりちゃー」と呼ばれる血の料理をつくる（『今帰仁村字崎山誌』）。これもミノ村と似ている。沖縄の場合は、屠殺後の肉の処理とりわけ塩漬けの作業で、月経時の女性がその作業をしてはならないということはないようである。ただ、筆者自身が聞き取り調査をしたわけではないので、今後の課題としておきたい。

おわりに

女人禁制という命題を与えられたとき、はじめ私はそれに答えることができなかった。今回の論考も、本の全体のテーマに沿えたかどうか……。「女人禁制」という言葉は別として、性差別の根源という意味では、日常的に性差別にさらされているという点では、多くの執筆者の方々と共有できることだと思う。しかし、沖縄に住む私としては、日本本土とは違う沖縄女性の立場と文化をつたえることができれば幸いだと思う。

島尾ミホの聖なる闇

はじめに・小高と文学資料館

福島県相馬郡小高町にある「埴谷・島尾記念文学資料館」（二〇〇〇年開設）を訪ねたのは二〇〇四年夏のことである。東京から新幹線で仙台まで行き、そこからコトコトと電車に乗り継ぎ、小高駅で下車した。資料館に行く道すがら、通りの小さな骨董屋さんに立ち寄り、相馬焼きの湯飲みなどを買い求めた。妻が留守で値段がよくわからないといって、とても安くゆずってくれた気のいいおじさんが思い出される。その通りは、三・一一の東日本大震災で被害にあったと聞く。なによりも福島原発の二〇キロ範囲で、立ち入りが禁じられてしまった。私が南相馬市対策本部に電話で様子を聞くと、文学資料館は閉鎖されていた。

以下、文学館を訪ねた様子を拙著『陵辱されるいのち』（二〇〇八年）に少しばかり書いているので、再録したいと思う。「小高は埴谷雄高と島尾敏雄の郷里で、文学資料館は、埴谷さんの存命中に「島尾君と一諸ならいい」という了解のもと、九三年に設立準備を開始したという。両者は同じ郷里をもちながら、島尾は横浜で埴谷は台湾の生まれである。したがって両者の出会いはずいぶん後のことで島尾はそのことを『精神のリレー』（河出書房新社、一九九七年）で述べている。

「文学資料館」は、小高神社の近くにある浮舟文化会館内の一隅にある。文学資料館が発行している通信第一号には、島尾ミホさんの講演録が、四号には子息である伸三さんの「小高へ」という文章が寄せられている。それには父と共に一家で東京の小岩から小高を訪ねたときの道筋をことこまかに記している。上野から常盤線に乗り、明け方近くに小高駅に着くと、一家はまっすぐに井戸川商店に向かった。「神社の前の、橋の手前の井戸川商店へ行くのです。いつもそうです。彼はまず、井戸川商店で靴を脱ぎ、滞在中の予定を立てるのです」。また「私が高校生の頃、埴谷雄高さんと佐々木孝さんと妹と私の四人で野馬追いを見物にやって来たときは、埴谷さんは原町市の佐々木さんの家に泊まりましたが、私たちは、井戸川商店に泊まったのでした」と、回想している。

私は伸三さんの文章をなぞって井戸川商店を訪ねた。まるで懐かしい人に会いにいくようにドキドキしながら。商店といっても、今は野菜の種とかちょっとしたモノをおいているくらいでひっそりとしている。声をかけると人の良さそうな夫婦が出て、「記念館からです」という私（たち）を、水羊羹と一夜漬けのキュウリでもてなしてくれた。夫婦は井戸川博さんと、その夫人で、島尾さんの父方の血縁に当たられる方である。

震災後、井戸川商店がどうなったのか、御夫婦はご無事なのか……。文学館はおそらく閉鎖されたままにちがいない。相馬の野馬追いは震災直後の七月二十三日に千年の伝統を絶やしてはいけないと小高神社から場所を移して行われた（『東京新聞』二〇一一年七月二十四日）という新聞記事で知った。一つの灯火が消えたような、今もそのような思いが私の胸の内にはある。

島尾ミホを語るには、夫敏雄の存在なしには語れないものがある。島尾敏雄と私は生前、何度もお会いしたことがあり、思慕のようなものが今もある。一方、ミホさんには、安易に近づけないような恐れのようなものがある。しかし、思い出話でなく作品にふれるとなると、島尾敏雄の作品世界は膨大かつ曼荼羅のようでもあり、私にはとてもできそうにもない。島尾ミホは、恐れを感じながらも覗きたい、触れたいという誘惑にかられるものがある。無垢なるがゆえに血を流す。それは、加計呂麻島＝ミホであり、イコール私（たち）の姿なのかも知れない。一方で作品に表れるミホの「残虐さ」は、いったい何なのか。

『海辺の生と死』の美しさと闇

島尾ミホの『海辺の生と死』（中央公論社、一九八七年）にはまばゆいばかりの、命かがやく島の暮らしが描かれている。ミホは奄美諸島の加計呂麻島の押角で生まれた。父親は真珠の養殖を営み、漢学に通じていた。母は村人からアセ（奥様）とよばれ、貧しい人々を受け入れ、面倒をみた。

たとえば、島には多くの旅芸人がやってきた。「沖縄芝居」「支那手妻の曲芸者」「浪曲師」「親子連れの踊り子」など。ある日、小学に入学したばかりのミホは、学校からの帰り道、集落の広場で村人に囲まれた三人の旅芸人の姿を見る。母親らしき人が三味線を弾き、父親らしき人が太鼓を敲いている。五歳にも満たないと思われる女の子が、体をくねらせて踊り、俗歌などを歌ってみせている。夕方、ガジュマルの木下で休んでいる昼間の芸人の姿を見かけたミホは、夕食事中に母親にそのことを告げると、母はだまって立ち、やがて旅芸人をつれてもどってきた。母は食事をもてなしたうえ、寝床まで用意した。ミホの母とは、そのような愛情深い人だった。父親も、糸満売りから逃れてきた少年を身請けし家におくなど、困っている人の面倒をよくみた。ミホはそのような両親の一人娘として大事に育てられた。後にミホから「両親に一度も叱られたことがない」と聞かされた島尾敏雄は驚いた。

ミホの描く島の自然、呑之浦の入り江の美しさ、島の鳥たち、草、人。どの一行をとっても、みずみずしい感性に満ちあふれている。だが、それだけでは単に美しい島の叙情詩、あるいは叙景詩でおわったかもしれない。ミホの天性の感受性の深さにははかり知れないものがある。それは感受性というより霊力（セジ）の高さともいうべきであろうか。生命に対する感応力の鋭さである。

それは「洗骨」「浜辺の死」や、村里離れ暮す「ハンセン病」者へのまなざしに現れている。しかし、それは、ミホを知る上で、まだ序章でしかないことに気づく。

『海嘯』にみるサディズムとエロス

小説は、『海』に一九八三年から八四年五月号まで掲載されたもので、未完のまま二〇一五年に単行本としてまとめられた。

物語は、まだ七歳になったばかりの女の子スエがハンセン病者（小説ではムレと呼ばれた）の男に犯されることから始まる。「「お前も僕らのようにムレになれ、ムレになれ」と言いながら、小さな耳を口に噛んでしゃぶり、うすい唇をこじ開けて幼い舌をすったり舐めたりしました。そしてまる裸にした幼女のからだを男がしっかり抱き、そのうなじや胸やか細い脛のあたりまで狂ったように舐めました。そして股を開き、あたりを舐め廻していましたが、何を思ったか赤黒く腫れた中指まで刺し込んでしまったのです。」

この場面は、浜辺で多くの子らと戯れ遊んでいたスエが、肉体がくずれ、悪臭のする男女につかまり、日ごろの村人たちの仕打ちへの復習のために、スエが犯される。女は、男に犯せよと命じる。スエが犯される場面は三頁にわたり、執拗に描かれる。

十七歳に成長したスエの、二の腕の白い肌に「赤紫の結節」が浮かび上がった。犯されたときにうつされたものにちがいない。「アンマー　ワンナ　カンシナティドヤー」(母さんあたしは　こんなになってしまったのよ)。母のウチヨはそれがライであることはすぐにわかった。「その日以来、スエの家族には言いようのない悲しみが漂うようになりました。」

スエは、死にたいとも願うようになった。

そんなスエが恋をしたのは、父の治療のためかようことになった、ギイチおじの家に身を寄せているヤマトさんと呼ばれている青年である。ミヨラという入江の、そこは山奥の湖さながらの静けさに包まれ、さらに隠れ湖のような小さい浦が入り込んでいてチノウラと呼ばれていた、その磯の近くにギイチおじの家が、一軒ひっそりと建っていた。ヤマトさんと呼ばれる青年が父に灸をほどこした。灸は三五回行わなければならず、父、母と共に、スエは丸木舟を漕ぎ、チノウラに通った。

治療が終わり、打ち上げの日、ヤマトニセは、スエに文を渡した。そこから二人の逢瀬がはじまる。今度は舟でなく、夜中の浜辺、といっても険しい岩やアダンの林をぬけ、目指す地にたどり着く。

「あたしはライ病人です」というスエに「スエさんがライ病なら僕はうつりたい」。


「彼はスエを大胆に抱き上げると岩の上に横たえ、手荒に着物の裾を開き、その下の桃色の腰巻も広げて、ふるえているやわらかなスエのからだに、自分の裸を重ねようとあせりました」。


スエにとって初めての行為を、その感触を、かなりリアルに長々と描いている。そして作者はスエにこんなことをさせている。行為の後、家に戻ると傷でうずくあそこを見る。「あの棒の入ったところがどこだったのか確かめたくなったのです。鏡を持つ手がふるえました」。

実に大胆な描写である。

息子の伸三は『小高へ』(河出書房新社、二〇〇八年)の中で、母の「狂気」について随所でふれている。

『海嘯』に織り込まれた島の美しさ。呑之浦や島を縁取る小さな入江は、森の色で染められた緑の糸や、珊瑚礁の瑠璃色の濃淡の糸で織り込まれ、人々の息遣いが刺繍で編みこまれ、押角のシマ言葉が、音符のように編まれている。これは、島尾ミホでなければ描くことのできない世界である。筆者である私も、九〇年のはじめに、加計呂麻島に渡ったことがある。島の一周道路もなく、交通は不便をきわめたが、その分自然がきれいで呑之浦の神秘的な静けさはこの世のものとも思えないほどだった。そして島の人々の心には神話が生きている。そんな感じだった。そして死と生がそれほど遠い所になくて、沖縄の亀甲墓のように、重々しくなく、骨つぼを砂地に埋めただけの、身近な場所にあった。「洗骨」は、島の死生観を現している。近代に入って、沖縄島では「火葬場の建設運動」がはじまり、洗骨の風習は野蛮とされたが、かつて洗骨は忌みされるものではなく、再生を願う祈りだった。

そのような美しい島の描写は、島に生を受けたミホの天性の感受性によるものであり、神高《かんだか》さによるものである。

ではミホの「狂気」は何ゆえなのか。作品で見る限り、少女がライ患者に犯される場面は尋常ではない。仮にほんとにあった事件だったとしても、そのほとんどの描写は、ミホの想像によると思われる。だからこそ、事細かに書き込むことができたのだろう。伸三の言葉を借りれば、「ねっとり」と、サディスティックに。

性描写も、繊細で透明な自然描写とは対象的に、生々しくリアルである。ミホの中に内在する聖と俗。あるいは聖と狂気。石牟礼道子との対談で夫婦について語るとき「島尾敏雄と私は一心同体だった」と言い切るミホに、闇の深さを感じるのは、私の思い過ごしであろうか。石牟礼が「あの人は私が書きます世界とはほとんど別なところにいる正常な人」とは、対照的である（『ヤポネシアの海辺から』弦書房、二〇〇三年）。

島尾敏雄、ミホ、娘のマヤも今は、「小高の太井の丘の裏手の崖の上」（島尾伸三『小高へ』二〇〇八年）にある先祖の墓に眠っている。震災や原発事故で、どのようになったか聞いていない。

ウヤガン祭り　宮古島狩俣、1989 年
（撮影・比嘉康雄）

Ⅳ　アジアの原風景

サンゴ礁文化と照葉樹林文化・島々の多様性——沖縄の原風景

戦争が破壊した風景

かつて柳宗悦は、その著「沖縄の富」[1]の中で、こう記している。「日本にある殆どすべての城下町を訪ね歩いた吾々に、どの町が最も美しいかを問われる方があるなら、私達は躊躇はず直ぐ答えるでせう。沖縄の首里が第一であると」。

柳が沖縄に渡ったのは昭和十三年から十五年にかけての四回。首里城を囲む色鮮やかな赤瓦の町並み、芭蕉布を風のようにまとい石畳の道を往来する婦人たちの姿。柳が絶賛した首里の町はしかし、わずか数年後に崩壊する。首里城の地下に、日本軍の第三二軍司令部は地下壕を掘り立てこもった。一九四五年四月一日に沖縄中部に上陸した米軍はただちに首里へと攻撃の矛先をむけた。今日の首里は、国家予算で首里城が復元されたものの、観光客の独占するところとなり、柳の見たかつての面影をみることはできない。

終戦から三年目に、私は首里城の近くで生まれた。王家の墳墓である「玉御殿《たまうどぅん》」と、安国寺の間の坂道を下ったところに私の実家はあった。鬱蒼と緑につつまれてはいたが、どの家も貧相だった。ところどころにかつての豊かな石垣は残っていたが、元の形を止めているのはわずか。私の家の門の前には、うず高く赤瓦のかけらが積まれていた。戦争で破壊された家の残骸である。住まいは掘っ建て小屋に近かったが、庭はそれに似合わず、琉球式の庭園の風を残し、さまざまな亜熱帯の植物が繁っていた。主であった祖父はよっぽど植物を愛していたとみえる。しかし、主を戦争でうしなった庭は荒れ放題だった。おそらく、戦争前は、柳が感嘆した美しい曲線をもつ赤瓦の家で、その家は石工たちの優れた技術による石垣で囲われていたにちがいない。

このように、戦争で破壊された首里の町だが、わずかに残る伝統の残骸が私を慰め、後に私の美意識へとつながった。

姉たちに連れられていった共同井戸。寒川樋川《すんがーひーじゃー》といった。斜面から湧き出る岩穴に樋をかけ、回りを石積みで囲った井戸は美しい。井戸は二段に分かれ、上段は飲み水を酌み、下に流れた水は溜められ、女性たちが集まり洗濯をしていた。洗濯が終わると、盥《たらい》を頭にのせて帰るのである。

寒川樋川の水くみ場（撮影・砂川敏彦）

頭に物をのせることを沖縄語ではカミーンという。

井戸がにぎわいと共に静謐な雰囲気をもちあわせていたのは、井戸には水の神が住んでいて、曲線を描く石積みの一隅に石灰岩の香炉が、ある存在感をもって置かれていたせいなのかもしれない。同時に幼女の目には、水の流れる先が谷底で、暗い樹木に覆われて、そこが恐ろしい闇に思えた。大人になった今も、その闇が夢に現れて私を恐怖におとしいれる。

原風景とは、幼い頃の記憶の底に浮き沈みする風景である。だが、私はその風景がなつかしいと同時に、夢に現れるそれは、深い闇をともなった風景でもあった。

戦後の開発が破壊したもの

私は、九〇年代に七年ほどかけて、奄美・琉球の島々の聖地巡りをした。直接的なきっかけは、当時吹き荒れていたリゾート開発が、島々のウタキなどの聖地にどのような影響を与えているのかを調査することだった。島々を回る中で、私は多くの聖地と向き合い、お年寄りたちとふれあうことで、私は琉球の精神世界に深く降りていった。そして、琉球・沖縄の独自の文化と思われたものが、実は、人類普遍のものであったり、同時に亜熱帯のサンゴの海が、日本本土とはちがう、特異な文化を育んでいることも知った。

すでに沖縄の日本「復帰」は、政府の「振興開発計画」によって、おおがかりな公共事業が行われ、島の風景を一変させていた。

とりわけ七三年の海洋博開催を前に、那覇から名護まで高速道路を走らせ、アダンやモンパノキなどの海浜植物が生い茂る、白い砂浜の自然海岸は護岸整備や埋め立てで失われた。ムラの共有地である野や山は、本土の不動産会社などの企業によって買い占められていった。地価が高騰することを見込んだ投機である。

これに加えて、八七年にリゾート法が成立すると、沖縄の土地は再び買い占められ、すべての島々で、リゾート開発計画が浮上した。私はその実態をルポするため奄美諸島、沖縄、宮古、八重山諸島などの島々を回った。

私が島々で見たのは、破壊されてゆく島々の実態であった。たとえば、宮古の島々。平良市《ひらら》（現宮古島市）は、第三セクターによる大規模な埋め立て計画、離島である大神島《おおがみじま》などに一周道路の建設を進めていた。もともと車など必要のないほど小さな島になぜ、と首をかしげたくなるような開発である。結果として、埋め立て事業は膨大な負債をかかえ、大神島の一周道路は完成せず、その一部だけの工事となった。なぜなら、工事のため重機やブルドーザーが入ると、たちまち壊れ、工事に関わる人たちも次々に入院するはめになり、ついに平良市は工事を中止せざるを得なかった。

葉っぱのお皿に供えられた米
（竜宮願い、1992年。著者撮影）

サンゴ島のくらし

大神島は、宮古本島から舟で行き来する小さな島である。祖霊神を迎える「ウヤガン」祭りには、他所者は島に近づくことはできないが、祭祀がおこなわれない日常はいたって穏やかで自由に出入りできる。私は一人でトボトボ島を歩き、話を聞いたりするのが好きだ。わずかな畑にもこれといった作物はない。ただ、祭りにつかうフマメとよばれる小豆が大事に植えられている。

だが、家の回りを見ると貝殻がうずたかく積まれてまるで貝塚だ。畑の畦を少し掘り返しても貝、石垣の隙間を埋めるのも貝、なのだ。古代から今日まで島人はいったい何を食料としたのか。米はもちろんない。あるのは無尽蔵にある海の幸だ。人々は魚や貝を主食としたのかもしれないと、私はひそかに確信をもった。大神島と対岸の宮古本島の狩俣《かりまた》部落の間にはサンゴ礁の浅瀬（礁湖）がひろがっている。この浅瀬こそ海の生き物たちの宝庫なのだ。

狩俣部落の神女の一人に海の話を聞いたことがある。いつも海に潜っていた父親の影響で、貝のことはなんでも知っている。サザエは海の底で群れ、ピラミッドのように重なりあっている。だからごっそりと捕れてしまう。イモガイはいつもつがいで寄り添っている等々。幼いころのおやつは貝だった。潮が引いたサンゴ礁を歩くといくらでも貝がいる。それを拾う。宝貝のように玉子形の巻貝（モーモー）は、丸い背の部分を叩くと割れる。そこから身を取り出し、そのまま食べる。これがおやつだった。子どもたちは、それぞれが自分の石棒と台石をもっていた。子どもたちは、小さな海の狩人なのだ。

海や貝にまつわる話はつきない。旧の三月三日には、家の門前に白砂を敷きつめ、桜色の貝などをまいたという。これは門前を清め、悪霊を祓う意味がある。

御嶽（ウタキ）に通じる道
（新城島、2012 年。著者撮影）

粟のプル（豊年祭）

八重山諸島の新城島《あらぐすくじま》は上地《かみじ》と下地《しもじ》の二つの島に分かれている。琉球王府時代にはジュゴンの肉を王府に献上していて、今もジュゴンを祀る御嶽《ウタキ》がある。昨年七月（旧暦六月）に、私は米のプル（豊年祭）を参拝させてもらった。祭りが行われるのは上地で下地は無人島になっている。上地の人口は一〇人程度。だが、プルの日には島を離れた人々も集まり賑わいをみせる。島は戦前の移住政策のもと、西表の大原に集団移住したこともあり、島はプルのために帰る

「家」なのだ。実際に、かつての屋敷跡に祭りの日に寝泊まりする家を建てている。

プルは、旧暦の五月に行われるアープル（粟の豊年祭）と、旧暦六月のグメノプル（米の豊年祭）がある。粟プルには、アカムタ、クロムタと呼ばれる二神の子神が現れ、米のプルには親子の四神が現れる。米のプルの方が盛大で、夜を徹してかがり火のもと獅子の舞があり、アカムタ、クロムタが島人の前に現れると「オーポーヨー」と、大合唱がはじまる。

注目したいのは粟プルの方である。水に乏しいこの島にもともと水稲などなく、米は西表島に渡り、出作りをしていた。首里王府の政策によるものであろう。米以前に作られたのが粟である。しかも焼き畑を行っていた。この方法は台湾のルカイ族などの農耕文化とも共通している。台湾南部に住むルカイ族は野を焼いた後、粟やイモなどを輪作するが、新城島でも、最初に粟や小豆などをまき、次に胡麻、黍《きび》、甘藷《かんしょ》などが植えられる。今は焼畑は行われていないし、粟作もないが、祭祀儀礼の中に、かつての島の農耕文化の基層、すなわち原風景が残されている。

戦前まで行われていた新城島の焼畑と粟作は、台湾やさらにはインドのアッサム地方、北ビルマ広東省、西南日本と共通する照葉樹林文化ともいわれている（佐々木高明『照葉樹林文化とは何か』中公新書）。

島々に幾重にも覆いかぶさっている時空の地層を掘っていくと、そこには、まさに原風景があらわれてくる。宮古の狩俣部落の祭祀で歌われる神歌は、神々の誕生にはじまり、ムラの創建にかかわるうた、ムラの英雄の話、そして世界へと展開していく。精神世界の原風景がそこにはある。

注

（1）「沖縄の富」は『柳宗悦選集　第五巻　沖縄の人文』の中に収められている。一九七二年新装版、春秋社。

世界遺産の功罪と基層文化への回帰

はじめに――マブイが奪われるとき

琉球・沖縄の精神文化は、歴史的に幾たびかの試練を受けてきた。

まず第一に、一六〇九年の薩摩の琉球侵略の後。薩摩の影響を受けた羽地朝秀（一六一七～七五）は、日本人と沖縄人は同じ祖をもつと主張し、「羽地仕置」という法令を出し、琉球の伝統的な慣習を見直し、宗教儀礼の簡素化を図った。それによって王の久高島参拝は廃止された。また、蔡温（一六八二～一八六一）の儒教思想に基づく政治改革は、オナリ神信仰による女性中心から、首里・那覇を中心に父系的要素を強めた。

第二は、明治政府による琉球処分以後の皇民化政策による影響。日本語教育だけでなく、御嶽に鳥居が設置されるなど、御嶽の神社化が図られた。とりわけ戦争前夜には御嶽の神社化は強行され、ノロたちも巫女教育を強要された。それは必ずしも成功しなかったが、今日なお鳥居は残され、そのことに疑問をもつ人は少ない。少なくとも、鳥居の排除運動はおきていない。

第三は、戦後の米軍占領による村落と聖地の破壊。基地建設で、村落が基地内にとられ、御嶽などの拝所は、ムラ人たちと共に移動した。那覇市の旧小禄村の垣花、大嶺は米軍基地（大嶺は現在は自衛隊基地）に取られたため、大嶺の場合は、字小禄に土地を求め神々を合祀している。ムラ人たちと共に、神々も土地を追われた事例である。

第四は、「日本復帰」による、沖縄文化の変容と破壊。「復帰」と同時に施行されたのが「沖縄振興開発法」で、それにより「沖縄振興開発計画」が策定され、第一次から第三次計画（一九七二年から二〇〇九年）が、推進された。二〇〇一年に沖縄開発庁が廃止されたため、総合事務局が内閣府に移管し、新たな「沖縄振興計画」（二〇〇二年から二〇一一年）が推進された。

それらの開発計画は沖縄に何をもたらしたのか。それはあらゆる名目で行われた開発による自然破壊である。とりわけ農地（土地）改良事業は、伝統的農地を破壊し、御嶽などの聖地を周辺緑地から孤立化させ、破壊においこんだ。さらに、「復帰」記念事業としての海洋博開催が決まると、真先に動きだしたのは、本土企業による土地の買い占めであった。それによって海洋博開催地の本部町や近隣の北部地域だけでなく、島々の土地が、開発や投機を目的として買い占められた。宮古島では旧下地町が推進役になって、東急ゴルフ場ができ、小浜島にはハイムルブシが完成した。しかし、買い占められた多くの土地は、たとえば西表東部のヤッサ島のように、農地転用が不可能なため放置された事例が多かった。放置された土地はやがて荒廃し、社会的な問題となった。いわゆるバブルの崩壊現象である。

第五は、その後、景気回復をねらって施行されたのが、一九八七年の「リゾート法」である。それによって、沖縄の島々の土地は再び動きはじめた。そこには巨大なゴルフ場やホテルの計画が浮上した。ゴルフ場は御嶽を呑み込むように計画され、海沿いの集落跡などの遺跡群はホテル建設で破壊されようとしていた。「復帰」時に設定された「沖縄振興開発計画」によって自然破壊が進んでいた沖縄だが、リゾート開発によって、かろうじて残された御嶽なども、破壊されようとしていた。

第六は、「復帰」後、日本の文化政策によって受けたインパクトである。これは開発による自然破壊等にくらべて、評価の分かれるところである。例えば、首里城の復元（一九九二年）や「琉球王国のグスク及び関連遺跡群」の世界遺産登録（二〇〇〇年）などがあげられる。

現在、首里城は国営公園として運営、管理されている。本殿は九二年に復元されたが、それにともなって、周辺整備が行われた。記念運動場（天界寺松尾跡）や、天界寺、三殿内《ドゥンチ》跡《あと》（琉球処分後、破壊された首里殿内、真壁殿内、儀保殿内の火ヌ神を合祀した聖地）が存在したが、駐車場となった。また池端通りへと続くかつて上石門とよばれた通りは拡幅された。戦前まで黄金細工、ジーファー（かんざし）などをつくる店が並んでいたという。地域住民の反対運動もあったが、計画は全うされた。筆者は、城下の城西小学校で学び、生まれも玉陵のすぐ下の寒川の生まれなので、そのへんの地理に詳しい。ただし、周辺の歴史的・文化的価値について知るようになったのは後のことで、少なくとも高校生のころまでは、首里城跡地（そこには琉球大学があった）やその周辺は、単なる生活空間であったにすぎない。三年間通った首里中学校が最高神女の聞得《きこえ》大君《おおぎみ》御殿《ウドゥン》跡（チュフジンウドゥン）であったということも、つい最近になって知ったという次第だ。同御殿が明治の琉球処分後に消滅していった経過も知らずにいた。

さて、その首里城や、その関連遺産など九カ所が、世界遺産に登録された。正式には「琉球王国のグスク及び関連遺産群」という。今帰仁《ナキジン》城跡、座喜味城跡、勝連城跡、中城城跡、首里城跡、園《ソノ》比屋武《ヒヤン》御嶽《ウタキ》石門《せきもん》、識名園、玉陵《タマウドゥン》、斎場御嶽《セーファウタキ》等である。

世界遺産は、一九七二年にユネスコで採択された条約にもとづいている。現在日本は自然遺産、文化遺産をあわせて二一件が登録されている（二〇一八年現在）。

世界遺産登録の功罪・斎場御嶽を事例に

首里グスクに関しては、上記のように、九二年に復元して以来、多くの周辺遺産が破壊された。同時に国営になり、入場料を払うという、それまで地域の人々にとっての生活圏からは切り離され、完全な観光地となった。世界遺産に登録されると、それが加速されたことはいうまでもない。首里グスクに関しては多くの書くべきことがあるが、ここでは、それくらいにして、斎場御嶽の現状にふれたいと思う。

斎場御嶽は、二〇〇七年に「緑の館・セーファ」と命名した歴史学習施設なるものを入り口に設置した。したがって、御嶽に入るためには二〇〇円の入館料を支払う仕組みになっている。すぐわきには駐車場も整備された。沖縄県は「持続可能な観光地づくり支援事業実施報告書」(平成二十二年)を出しているが、それには、斎場御嶽や久高島への参観状況がアンケートによって具体的に報告されている。それによると、二〇〇八年度に、一日あたり最大で一四五六人が訪れている。平均にして六一八人が御嶽の中に入ったことになる。男女の比率は半々。主に県外者となっている。来訪目的は「世界遺産を見てみたかった」「スピリチュアルやパワースポットに興味があった」「神聖な雰囲気にふれたかった」などとなっている。これらは主に観光客と思われる。わずかに近隣地域住民等の「東御廻りにきた」というのがある。アンケートには満足項目と不満足項目があるが、不満足項目をみてみよう。「参道が滑りやすくて歩きづらかった」「人の数が多く、自分のペースで回れなかった」「神聖な雰囲気を感じなかった」など。

さて、大勢の人々がおしよせることによって、斎場御嶽に何が起こっているだろうか。まず、「参道の損傷や植生の損傷」「利用者が増えることにより、神聖な雰囲気が低下している」「地元住民から、落ち着いて祈れない」などの、弊害が報告されている。

一方、それに対しては、次のような提案が行われている。

「入場制限をかける」「男子禁制に戻す」など。

「男子禁制」に対しては、新聞紙上で時代錯誤だという意見が出された（『沖縄タイムス』二〇一三年九月二十一日）。「男性が御嶽を汚したり荒したりするとは限らない。女性であれ男性であれ、性別を理由にした排除は差別だ」と。

私は、二〇一〇年にある本の執筆を頼まれた。その本のタイトルは『現代の「女人禁制」――性差別の根源を探る』である。「大峰山女人禁制の開放を求める会編」となっている。奈良を中心とする女性たちによるものだが、なぜか私に声がかかった。はじめ私は日本と沖縄の文化の違いに戸惑ったが、しかし、おかげでかなり頭の整理をすることができた。仏教の世界では女性は不浄な存在として「お寺」や聖地では「女人禁制」が多い。ところが琉球弧の祭祀では逆に「男子禁制」となっている。この違いの比較はとても重要で、私は同書に寄稿した論考「オナリ神信仰と男性中心の発生――沖縄の古層文化と女性　薩摩侵略以降の変容」（本書所収）の序論で次のようなことを書いた。

「女人禁制を辞書でひもとくと、〝僧の修行の障害になるとして、女子の山内に入るのを禁じること〟と記述されている。琉球・沖縄では仏教が民衆に広まることがなかった。とすれば仏教の戒律をもたない琉球・沖縄にはそのような禁忌は、ないということになる。むしろ祖霊信仰やオナリ神信仰、アニミズムを基本とする沖縄では、祭りの中心は女性である。聖域である御嶽には男は立ち入りを禁じられていた。男が立ち入ることができるのは祭りの準備段階の一定の期間に限られている（ただし、漁労に関することなど、男性が中心になる祭祀もある）。したがって、ここでは仏教が広く流布することのなかった琉球・沖縄の事例をみていくことになるが、この場合、琉球・沖縄の地域を『仏教』以前の文化とみるべきか、あるいはまったく独自の『文化圏』としてとらえるべきか。少なくとも日本文化とは違う独自の信仰や暮らし、習慣があったというべきか」。

長い引用となったが御嶽への男子禁制、あるいは仏教における「女人禁制」の問題は、今でいうジェンダー・フリーの視点で、一括することで片づく問題ではないことがわかる。

斎場御嶽の意味

しかし、私は、上記の問題を別の視点でとらえなおしてみたい。まず、斎場御嶽が沖縄最大にして一番の聖地という言い方に対してである。同御嶽を考えるとき、いったい誰にとって、どのような意味をもつ御嶽であったかということを考えなければならない。同御嶽は周知のように、聞得王君の即位の儀礼（お新下《あらお》り）を行う聖地であり、男性はおろか、一般庶民は近寄ることはできなかった。したがって、そこは王府にとって「最大」の聖地であるということである。

本来、御嶽に「一番」はない。それはムラムラに並列的に存在するものであって、人々にとっての一番は自分のムラの御嶽なのだ。そもそも一番という意識があったかどうか……。それに御嶽という言葉自体が、ヤマトからの輸入語ではないか。もともと島々での呼び名があったはずだ。尚真王代に、ノロ制度がしかれ中央に掌握されると、地域の宗教儀礼も、その時代の影響をまぬがれなくなってしまったが、ムラムラ（シマジマ）の祭祀はしかし、たとえ王府の禁止令が出されようとも、途切れることなく行われてきた。

ここで、私がいいたいのは、王の御嶽と庶民のそれはわけて考えるべきだということである。したがって、王権が崩壊して以後、王家にとっての聖地がどれだけの霊的意味をもつのか？　だからある程度の観光化は止む得ないという考え方もできるし、いまさら男子禁制も意味をもたないと考えることもできる。しかし、だからといって私は斎場御嶽の歴史的、文化的価値を否定するものではない。王府が、そこを最高の霊場として位置づけたということはそれ以前にすでに、同地は古代村落の聖地であったことが想像される。事実、考古学的には、そのことが実証されている。

一連の沖縄の世界遺産群は、その意味で庶民とは違うレベルの、琉球王国の遺産群であるということを再度認識すべきである。一方、今も島々の地域で息づく御嶽や祭祀は、琉球・沖縄の基層の精神文化としてとらえることができるし、それが王国の文化を支えたともいえるだろう。

グスクを築いた人々は何者か

ここで、私は再び考える。世界から脚光をあびるグスク文化。いったいグスクとは何であったのか。かつて盛んに論じられた「グスク論争」は、わきに置いておくとして、私はグスクと仏教の関係に興味をもつ。琉球の最初の仏教の寺院は、十二世紀に浦添グスクの側に建てられた、補《ふ》陀落《だらく》山極楽寺といわれている。不思議なことに琉球の歴史はグスク時代より先の時代が、空白になっている。近年、考古学的調査であきらかになりつつあるとはいえ、十二世紀以前と、八〇〇〇年以前の二つの時期は琉球史のミッシング・リンク（失われた環）となっている。仏教をともない、グスクを築いた人々とは何者なのか。私たちは、そのグスク群をどうとらえるべきか。

首里王府にとって、宗教儀礼は御嶽信仰だけではなかった。「琉球国では民族宗教を制度化したものとは別に、外部から伝来した仏教、日本神道など『外来宗教』も国家祭祀に位置づけられていた」（後田多敦『琉球の国家祭祀制度』）と述べているように、王府の宗教組織は重層構造になっていた。このことは、琉球・沖縄の社会構造をみていく上で、とても重要なことだと思われる。

アジアや世界と交易・交流をおこなっていた琉球王国。今帰仁村教育委員会編の『グスク文化を考える』（世界遺産国際シンポジュウム・東アジアの城郭遺跡を比較しての記録）は、世界的視野の中でグスクを論じていて非常に興味深い。その中には「沖縄グスクの調査と整備」（坪井清足）の論考がある。これを読むと、グスクの調査や整備がかなり早い段階から行われていたことがわかる。今帰仁グスクは一九八〇年から保存整備委員会をたちあげている。たしかに発掘調査の成果は、私たちの気持ちをわくわくさせるものがある。沖縄の文化の奥深さと同時に、遺物の多様さはアジア的ひろがりを見せてくれる。

ヨーゼフ・クライナーは、「世界史における琉球・沖縄」と題して、アジアだけでなくヨーロッパにとっても、沖縄が重要な島として知られていたことがわかる。裏を返せば、西洋の植民地主義の刃が琉球を通して、日本に向けられていたということでもあるが。琉球王国は、毅然とした態度で西洋列強と対等な外交を展開していた。十九世紀に来琉したイギリス人のバジル・ホールの航海記を合わせ読むとそのことがよくわかる。

根源的精神文化を問う

ところで、私たちはグスクと御嶽との関係をもっと知るべきだろう。ムラムラの基層文化であり、精神文化を支えている御嶽は、グスクにとっても重要な位置づけがなされている。知念森グスクは現在、修復・調査中であり、かつての鬱蒼とした霊的雰囲気はもうない。樹木は切り倒され、目を覆うばかりの風景になった。そのことを南城市（かつての知念村）に電話で訴えたことがあるが、「木は文化財ではないから」の一言が返ってきた。今回は県文化財課で聞いてみた。やはり「復元のためには木は邪魔ですから。知念グスクは、古城（クーグスク）と新城（ミーグスク）に分かれていて、霊場としてクーグスクは手をつけてないはずです」という答えがかえってきた。

県教育委員会は、一九七八年から数年をかけて『沖縄県社寺・御嶽林調査報告』（I〜Ⅳ）を出している。Ⅲには「知念村の主な御嶽所の植生」（一九八〇年）が報告されている。知念グスク跡の植生は高木、低木、草本等あわせておよそ九〇種類が記されている。あれから三〇年余を経て、その大半の植生が失われた。

南方熊楠（一八六七〜一九四一）は、なぜ日本でムラの神社の合祀反対運動に力を注いだのだろうか。当時の日本政府は官社や府県社などの国教的な神社を増幅させ、小さな共同体（ムラ）の神社を合祀させ、多くを消滅させた。そのさい、失われたのが神社の森である。神社の森は生態系にとって、重要な役割をはたしてきた。今日、日本で「里山」が見直されているのは、それが人々の暮らしにとって重要な役割をはたしているからに他ならない。御嶽の森（あるいはクサテムイ）も同様に、ムラ人たちが、自然と神の共生する場として重要であることはいうまでもない。

沖縄には大小、三〇〇余のグスクがあると聞く。その大半が南部地域に集中している。それは集落の数に比例するからであろう。というのは、たとえば糸満などは部落の中にひとつのグスクが存在するくらい数が多い。そしてグスクと御嶽が同一のものも多い。

さて、私は最初に、グスクは為政者の築きあげたものと書いたが、一方でグスクと御嶽の未分化の時代もある。おそらく、巨大なグスクの基層には、ムラ人たちの聖地があったのかもしれない。だからこそ、今でも首里城の御嶽や、関連のグスクにも「ウガミ」をする人々が絶えないのだろう。その神々も国に管理されて、さぞや居心地が悪いのではないかと想像する。

「復帰」後の開発問題

はじめに

いうまでもなく、戦争は最大の自然破壊である。それにつづく米軍による基地建設も自然やムラをまるごと呑み込み破壊するだけでなく、同時に沖縄の伝統的な自然観をも消滅の危機にさらしている。沖縄の独自な御嶽を中心とする森《ムイ》の思想や、中国や東アジアに共通する風水《フンシー》思想などがそれである。人は死んでも魂《マブイ》は残り、御嶽（森）に還るという生命観が森を守る思想に通じ、自然そのものが生命体であるという風水思想が島々の自然を守ってきた。自然の荒廃と破壊はその精神の崩壊でもあるし、逆に精神の破壊が自然の破壊をも招くという相関関係にもある。

沖縄の戦後の開発問題は、「復帰」前も、後も軍事基地問題と大きくリンクしている。米軍基地を維持するために、沖縄の「復興計画」と「振興開発計画」は策定されたのである。それは米軍の一貫した政策である。したがって、米政府と日本政府の沖縄政策の流れを把握するためには、「復帰前」の「復興」政策を知る必要がある。本題に入る前に「復帰」前の問題に少しばかりふれておきたい。

米軍占領期の「復興計画」

日米による地上戦で沖縄のすべてが壊滅した。占領者である米軍政府がまず手がけたことは「経済復興計画」である。

一九四五年、ニミッツ布告とともに行なわれた米軍占領は、五一年のサンフランシスコ条約をまたずに、基地の建設をすすめた。それは米軍の上陸と同時に進められ、住民が収容所に囲われていた時期に、例えば読谷村では全面積の九〇パーセントが米軍に接収されていた。したがって住民は、収容所から帰郷しても自らの屋敷に戻ることはできなかった。残されたわずかな土地を割り当てられ、[1] そこに新しいムラをつくり暮らすしかなかった。戦前のムラが基地となり破壊され、残された原野や畑も住宅地として開発された。

戦後すぐに行なわれた土地接収が第一期とすれば、サンフランシスコ講和条約以後の土地接収を第二期とよぶことができる。この時期に有名なのが伊江島や、宜野湾の伊佐浜の銃剣とブルドーザーによる接収である。それによって伊江島の真謝部落は消滅し、伊佐浜の美田も失われた。こうして、基地建設は、戦争後、わずかに残された自然や畑、村落も破壊した。その意味で、最大の自然破壊は戦争であり、基地の建設である。(2)

米軍政府は終戦直後の「復興」をガリオア（占領地救済政府基金）によった。その後、極東軍総司令部は、一九五一年に「琉球列島経済計画」を策定した。これが、はじめての経済復興計画だといわれている。同計画は、その目的として①一九五三年までに戦前並の生活水準を達成すること、②同水準における自立経済の条件を達成すること、としている。

しかし、実際の復興計画の内容がどのようなものであったのか、『戦後沖縄経済史』〔琉球銀行調査部（1984）二三九頁〕は次のように述べている。

「沖縄に恒久基地を建設するために一九五〇年度予算として五、八〇〇万ドル、引き続き二億七、〇〇〇万ドル以上といわれる莫大な資金が投下される予定であった。したがって復興計画が策定されたときには、基地の建設工事が沖縄の経済復興に多大な効果があることが、要人によって指摘されていた」。また、シーツ軍政長官は地元記者に対して次のように述べたという。「琉球人は軍施設計画に参加することによってドルを稼ぐ機会をもつであろう。この仕事を琉球人請負者や労務者がこなすことが出来れば、食料やその他の必需品を購入できる数百万ドルの多額のドルを稼ぐであろう」と〔同前書〕。

すなわち、米軍は別途に復興基金を用意することなく、「琉球列島経済計画」も実行されず基地建設に沖縄住民を雇用することで、沖縄の安上がりの復興を図ろうとした。

「一九五一年から五五年までに基地に雇用された沖縄住民は最高で五万七〇〇〇人（五四年）となっている。基地雇用者が稼いだドル所得は一、四〇〇万ドル余で大量の『給与所得者』が誕生した」〔同前書〕のである。こうして戦前の農村経済が米軍による「復興計画」によって基地経済へと転化した。復興計画とは、実のところ他の産業の発展の可能性を潰し、沖縄に恒久基地を建設するための計画にすぎなかった。

住民の暮らしも、一変した。住宅は、トタン、赤瓦屋根からブロックやコンクリート住宅が普及していった。日常の生活用品も外国製品があふれ、アメリカ産のオレンジ、牛肉、バターなどが安く手に入った。

だがアメリカの沖縄統治転換などによって、沖縄の経済や暮らしは様々な曲折を経ることになり、最終的には米政府の経済的行き詰まりで、その負担を日本政府に押しつける形で「日本復帰」を迎えることになる。

「復帰」後の開発

a　沖縄振興開発計画

一九七一年十月十六日、第六十七臨時国会が開催された。いわゆる「沖縄国会」と呼ばれているもので、その日、国会は大きく揺れた。沖縄返還協定と沖縄復帰関連法案が強行採決されたからだ。

沖縄復帰関連法案とは、以下の七法である。

1　「沖縄復帰に伴う特別措置に関する法律」
　　「沖縄復帰に伴う関連法案の改廃に関する法律」

2　「沖縄振興開発特別措置法」
　　「沖縄振興開発金融公庫法」
　　「沖縄開発庁設置法」

3　「沖縄における公用地等の暫定使用に関する法律」
　　「沖縄の復帰に伴う防衛庁関係法律の特別措置に関する法律」

1は復帰に伴う混乱を避けるために定められた、いわゆる暫定法である。2は、本土と沖縄の経済的格差を是正するために制定された振興開発のための特別法である。3は自衛隊の配備、米軍基地、自衛隊基地（公用地）の維持を図るための法律である。

沖縄振興開発計画は一九七一年に公布され、翌七二年五月二十二日に施行された「沖縄振興開発特別措置法」に基づいて策定されたもので七二年十二月十八日に決定された。同計画書は計画作成の意義について次のように述べている。

戦後長期にわたりわが国の施政権外に置かれた沖縄は、昭和四十七年五月十五日をもって本土に復帰し、新生沖縄県として我国発展の一翼を担うことになった。この間、沖縄は、県民のたゆまぬ努力と創意工夫によって目覚ましい復興発展を遂げてきたが、苛烈な戦禍による県民一〇余万の尊い犠牲と県土の破壊に加えて、長年にわたる本土との隔絶により経済社会等各分野で本土との間に著しい格差を生ずるに至っている。

これらの格差を早急に是正し、自立的発展を可能とする基礎条件を整備し、沖縄がわが国経済社会のなかで望ましい位置を占めるようにつとめることは、長年の沖縄県民の苦労と犠牲に報いる国の責務である。同時に、沖縄の復帰は、国際社会において重要な役割を期待されているわが国にとって、沖縄が中国、東南アジアにもっとも近いことから、これら諸国との経済、文化の交流を図るうえで、きわめて意義深いものといわなければならない。

このため、沖縄が本土復帰を遂げたこの歴史的な時点において、長期的、総合的な観点に立って将来展望を行い、地方自治を尊重し県民の意向を反映しつつ、今後逐次実行に移すべき基本的な方策を明らかにする必要がある。ここに沖縄振興開発計画を策定する意義がある。

〔沖縄県知事公室（1973）〕

このように、「沖縄振興開発計画」は、本土との経済的な格差を埋めていくものとして策定された。計画を推進するために設置されたのが「沖縄開発庁」で、一〇〇〇人を超える国家公務員が配置された。

振興開発計画は、第一次計画（一九七二〜八二年三月）、第二次計画（一九八二年四月〜九二年三月）、第三次計画（一九九二年四月〜二〇〇二年三月）で推進された。[3] その後は二〇〇一年の省庁再編により、沖縄開発庁は廃止され、総合事務局の業務は内閣府に移管した。二〇〇二年四月に「沖縄振興特別措置法」が施行され、それに基づき新たな「沖縄振興計画」（二〇〇二〜二〇一一年）が、スタートした。

b 「逆格差論」と名護市

「沖縄振興開発計画」に対して、全く異なった価値観を提示したのが『名護市総合計画・基本構想』(一九七三年策定)だった。

「逆格差」とは、造語であり、「逆格差論」を、わかりやすく説明すれば次のようになる。

「本土と沖縄は経済的な格差があるというが、それでは沖縄はほんとうに貧しいのか。単純に格差を経済的数値でうめることができるのか。そもそも真の豊かさとは何か。金銭に換算できない豊かさとは何か。地域には金銭に換算できない豊かさが存在するのではないか。その豊かさこそ大事にすべきではないか」ということである。

では、『名護市総合計画・基本構想』の記述に沿って内容を見てみることにしよう。同計画・構想は第一章から第七章まであるが、その特色の一部を紹介しよう。

所得とは何か、格差とは何か、中央と地方とは何か、そして本来、社会的に要請される計画の論拠が、経済的にのみ一方的に設定されることは正しいことなのか、といった点について充分考えてみなければならないといえるであろう(第一章(2)逆格差論の立場)。

また、この計画の作成主体は誰であり、計画の目標は誰のものであるのか。こうしたあいまい、というよりは巧妙にボカされた計画の論理は、ついに〃……自立的発展を可能とする基礎条件を整備し、……することは国の責務である〟という主客の転倒となって現れるのである。自立的発展の基盤とは、言葉の正しい意味において、第一に地域住民の責務でなければならないのである。米軍基地を守るために沖縄を本土から分断することが、国の責務であり、今またこの基地を残したまま、工業や観光によって、経済的実力をつけることも国の責務であるというのだろうか。

（第一章（3）沖縄の自立経済）

産業振興は何よりも第一次産業の本質的育成によって行われなければならないことは、すでに述べたとおりである。（中略）第一次産業、地場産業ほど社会的、文化的、環境的にも適切なものはない、というのもこうした算定の結論のひとつなのである。

（第四章　産業計画の方向）

幸いにして、名護市においても市公民館を中心としたコミュニティ活動が盛んである。こうした歴史的蓄積をひとつの現実的根拠として、このしくみを考えていくべきであろう。現在字公民館は、ほとんどすべての字（集落）にあり、その数は五〇カ所をこえるであろう。施設としては集会室、部落事務室、厨房などを持ち、周囲には子供の遊び場の他に、保育所や共同売店などが併設されているものも多い。これらの公民館、保育所、共同売店などはいずれも、地区住民の自力建設を基本として作られたものであり、このことの持つ意味は、本土の公民館が、一種のおしつけとしての補助金によるものが多いことと比較した時、想像以上に重要なものである。（中略）しかし、この一種の自治活動としての公民館活動も、従来のままのものであっては、社会計画を考える上では充分なものではない（第五章（2）社会計画の方向）。

［名護市（1973）］

七三年といえば、「復帰」から一年目。巷では様々な混乱があった。ドルから円への通貨切替え、交通方法変更（いわゆる7・30）、日本の法律の適用など。たとえば農業に関していえば、「農地法」の適用。本来同法は、農地を守るためにあるのだが、当時はそれが逆に作用した。「農地法が適用されると、農地の売買ができなくなる」ということしやかな流言がひろがった。おりしも沖縄をおそった干ばつが農家にとって農地を手放すきっかけをつくった。それは、海洋博の開催時と重なる（次節参照）。

さらに、同時進行していた二つの巨大開発計画があった。沖縄島中部の金武湾に建設されるCTS（石油備蓄タンク）、と宮古下地島へのパイロット訓練飛行場の建設だ。このように、「復帰」一年目の沖縄は国策による巨大開発がひしめいていた。名護市の「逆格差論」は、そのような状況下で提示された。CTS建設に対しては、「金武湾を守る会」が結成され、やがてその反対運動は日本全国へと広がった。沖縄の地元では「金武湾を守る会」を中心に、住民運動間のネットワークがつくられ、奄美諸島、沖縄、宮古、八重山諸島の島々の住民が集まって交流・合宿がもたれた。開発に抵抗する中で、新しい自治のあり方や、価値観が問われたが、それらの議論の中で、話題の中心になったのが、「逆格差論」だった。

さて、とりわけ私が注目するのは、名護市の自治公民館や共同売店などの活動である。それまで、地元ではとりたてて、取り上げる必要のないほど暮らしの一部になっていた。「基本計画・構想」は、それらを再発見し、新しい光をあてた。基本構想の草案を作り上げたのは、東京を拠点に活動していた「象設計集団」と名護市の企画室を中心とする作成グループであった。「象設計集団」のメンバーは日本本土では失われた、村落自治の形を名護市の字（ムラ）にみたのであろう。以来、共同売店[4]は様々な形で光があてられ、大学の共同研究の対象にもなり、最近では若い人たちの間でも関心が高まっている。

では、あれほど当時の注目を集めた「逆格差論」はどうなったのか。

同基本構想で掲げられた理念が、事実上破綻したのは、九六年に日米特別委員会（SACO）で、宜野湾市の普天間基地の返還が決定され代替基地建設が提示されたことによる。その際、当初、辺野古案を拒否していた大田昌秀革新県政知事が受け入れを表明し、それにつづいて比嘉鉄也名護市長が地元として受け入れた。比嘉市長は受け入れ表明後、引退したが、同市長の後任として選出されたのが、比嘉市長の助役をつとめていた岸本建男である。岸本市長は、その後の知事選で当選した、稲嶺恵一保守県政知事と共に辺野古へのヘリ基地建設を推進する立場をとった。

国策による巨大開発と公共事業

a　海洋博開催による問題

海洋博は日本政府の「復帰」記念事業として、一九七五年七月二十日から七六年一月十九日まで本部町で開催された。私は事前の工事現場を取材し、また企業による周辺の土地投機買いの実態を取材したが、海洋博開催中、一度も会場に足を運ばなかった。したがってその華々しさは、マスコミ報道でしか知らない。しかし、終了後、私は海洋博後の混乱について無視できなくなり、現地やその周辺町村の取材をした。

海洋博開催による混乱と問題とは、①海洋博関連事業による自然の破壊、②会場用地の用地買収による村落の変容、③土地の高騰を見込んだ土地の投機買い、が進んだことである。

海洋博に投資された資金は本体だけで二〇〇〇億円とも三〇〇〇億円ともいわれている。それ以外の関連事業に対しても総額一二〇〇億円が投入された。関連事業とは那覇から名護市を縦貫する高速道路建設や国道の整備、那覇空港や伊江島、宮古、八重山空港などの整備、港湾整備、周辺市町村のゴミ・屎尿処理施設の建設、水道事業などである。このように沖縄全体に開発がおよんだ。

会場用地は本部町の石川、山川、浜元、備瀬などの四集落にまたがっている。七二年から七三年にかけて県による用地買収がはじまったが、それ以前に海洋博開催決定がきまると民間による土地の買収がはじまった。石川の集落をみてみると、

総面積	二五万〇〇一九坪
買い占め面積	一一万三八一〇坪
会場面積	五万三〇三一坪

村落の総面積の四五パーセントが、民間や県に買収されている。そのうち民間による買収面積は県が買収した会場面積を上回っている。買収された四五パーセントの地目は、畑（四九・八パーセント）、山林原野（四四・四パーセント）、宅地（五・六パーセント）、その他（〇・二パーセント）となっており、村落構造が大きく変化していることがわかる［来間（1977）］。とりわけ畑の喪失は、生産基盤の喪失と同時に、ムラ人たちの生活根拠の流浪化を意味している。

土地の投機買いは会場周辺だけでなく、沖縄のすべての島々がその対象になった。**図1**は石垣

図1　石垣島の土地投機買いの状況（1977年）
出所：『琉球弧の住民運動』創刊号、1977年

島の例である。虫食い状に買い占められた土地は、その後多くが放置され、遊休化した。農業公社では、農地を買い戻すという事業も推進した。しかし、買い占められた多くの土地は、その後の八七年以降のリゾート開発ブームと合体する形で、土地転がしがおこる（本稿「リゾート開発と島々」参照）。

b　CTS建設

沖縄本島中部地区に金武湾を埋め立て、石油備蓄タンク（CTS）を建設するという問題が浮上したのは、一九七〇年三月「金武湾地区開発構想」が策定され、一〇〇〇万坪の公有水面の埋め立て計画が明らかにされてからである。島の住民の反対をよそに工事は進んだ。七一年六月には平安座島と対岸の屋慶名地区の浅瀬を埋め立てた海中道路が完成した。七二年五月九日、琉球政府は、沖縄三菱開発に公有水面埋め立ての認可をし、二六〇〇万キロリットルの石油備蓄基地が建設された。

タンク建設のために平安座島、宮城島をはさむ浅瀬の海が埋め立てられ、そして対岸の本島・屋慶名の部落がその影響を受ける。それらの地域の人々が「金武湾を守る会」を結成したのは一九七三年のことである。「守る会」は宮城島土地を守る会、与勝の自然と命を守る会など七つの団体で組織された。七四年五月、沖縄三菱開発は県に対して「埋立竣工認可申請」を提出した。これは、平安座島・宮城島間六四万坪の埋立地を正式に三菱の私有地として登記するための前提になるものであった。屋良知事は認可の立場を取ったため、「守る会」は県庁中庭にテントを張り無期限座り込み闘争に入った。また「六四万坪の埋立が漁民権放棄がなされていない不法埋立」だとして「守る会」は県を相手どって漁民六人を原告とした「埋立免許無効確認請求」の提訴をした［金武湾を守る会（1978）］。闘いの記録は「守る会」の機関誌『東海岸』や『琉球弧の住民運動』[5]に掲載されている。

c　下地島空港問題

下地島（宮古島市・旧伊良部町）に、「パイロット訓練飛行場」（七七年開港）の建設問題が浮上したのは「復帰」前の一九六八年である。「復帰」と同時に工事が着工され、国が一二〇億円、沖縄県が五四億円を投じた。

下地島は伊良部島と橋でつながる小さな島で、島の三分の一（三六二ヘクタール）におよぶ空港用地、三〇〇〇メートルの滑走路が建設された。運輸省の「国内定期航空会社及び東南アジア諸国の乗員要請需要に応ずるために早急に国内に訓練飛行場を建設する必要がある」（一九六六年）との省議決定にもとづくものである。

同計画に対しては地元の伊良部島だけでなく、宮古島や沖縄中が建設賛成派と反対派に分かれて揺れ動き、革新政党の内部でも賛否をめぐって対立がおきるなど激しい大衆闘争へと発展した。現地の宮古島や伊良部島では「誘致促進期成会」や建設に反対する「島を守る共闘会議」が結成された。誘致派の建設誘致理由は「空港ができれば、伊良部村に年間五〇〇万ドルの収入があり、雇用効果も大きく観光にもプラスになる」であり、建設反対派の理由は「民間のパイロット養成という名目であるが、軍事基地に利用されないという保証がないということと、爆音の問題がある」と、いうことである。

立法院（現県議会）も革新系議員らが当時の屋良朝苗主席を突き上げた。米占領下では主席は米軍による任命制であったが、屋良主席は戦後初めての公選選挙で、革新共闘会議を母体に選出された主席であり、「復帰」後もはじめての県知事になった。屋良主席は賛成派と反対派の板ばさみにあった。

このように、現地だけでなく沖縄の自治を二分した同建設問題は、国の力に押し切られる形で東洋一の訓練飛行場として七二年に開港する。開港当時の島の様子が次のように記されている。


訓練飛行場が誘致される前、同島には四戸、一七人が住んでいた。小じんまりとした集落だったが、自然に恵まれたのどかな生活があった。今は国仲部落に住む福山カマさん（七十二歳）は、「自分の畑や屋敷が跡かたもなく無くなってしまって寂しい。土地を売ることに最後まで反対だったが、とうとう押し切られてしまった。今でも訓練飛行場には反対です」。その言葉は単に失ったものへの愛情でなく、土地を手放した農民の苦悩をにじませていた。

また、伊良部島の国仲、佐和田の人たちも橋を渡って下地島で畑作を行っていたが、かつての耕作地の一部はギンネムや雑草がのび放題。自然と人間との相関関係は完全に失われ、荒廃した土壌には病害虫が異常繁殖しているという。農婦たちが野良仕事を終え、牛馬に引かれて家路をたどる牧歌風景はもうかえってこない。

［沖縄の文化と自然を守る十人委員会（1976）］

d　土地改良

「沖縄振興開発計画」の目玉のひとつに農業基盤整備事業がある。

『沖縄タイムス』は、特集記事で土地改良について、二〇〇一年度当初予算までの累計で七四九四億円が投じられていると前置きした上で次のように報じている。

だが、基盤整備の実績に反比例するように、農業粗生産額は一九八五年の一千百六十億円をピークに下降線をたどる。二〇〇〇年は九百二億円と、ピーク時の七八％の水準まで落ち込んだ。（中略）二〇〇〇年度までの実績を見ると、農地・草地開発を含めたほ場整備は二万一千五十二ヘクタール、必要整備量の四八％に達した。県全体の耕地面積（四万二千二百ヘクタール）の半分は面整備が済んだことになる。

栽培面積の四八％を占める基幹的作目のサトウキビは収穫機械化率が三二％（一九九八年）と一〇年間で約二倍に伸びた。

しかし、一トン当たり生産費のうちの労働費は九五年の一万七千九百二十二円から、二〇〇〇年は一万八千百六円と増加傾向にあり、面整備のメリットは見えてこない。

農業用水は二万一千六百三十ヘクタール（四六％）分を確保し、畑の入口にまで引かれたが、末端の畑地かんがい施設整備は九千百四十六ヘクタール（二〇％）にとどまっている。（中略）基盤整備はなぜ生産増に結びつかないのか。

〔『沖縄タイムス』（2001）〕

一方、来間泰男沖縄国際大学教授（農業経済学）は、「ほ場整備はペースを落とす段階にきた」と指摘する。また「面拡大によるメリットを求める時代は終わり、作目の組み合わせや流通などソフト部門に力を入れるべきだ」とも主張する。

ところで、私は島々の土地改良事業の現場を取材したことがある。まず七〇年代後半に訪れた津堅島は集落や海岸沿いを除くほとんどが事業の対象になっていて島はまるで戦場のようであった。ブルドーザーは本来、土木工事用の機械であるが、畑のど真ん中で表土をはぎ取り、畑地を深くほりかえしていた。いったい何のために、丹念に何百年も農民の手で耕され、微生物の生きる表土をはぎ取り捨てるのか。

また津堅島には、それまで土地総有制の遺構である「地割」の跡が残っていた。「地割」特有の短冊型の畑である。それもブルドーザーによって破壊されてしまった。地割の遺構は今では久高島(6)にわずかに残されているのみである。

また、多くの島々で、島に点在する御嶽などの聖なる森が土地改良で森の回りが削りとられ、真っ平らにされた広い畑に孤立しているのを見た。

さらに土地改良事業は湿地帯や湧き水を潰し、川を用水路に変えた。新石垣空港の予定地になった石垣市白保の土地改良事業をつぶさに取材した野池元基は、次のように書いている。

土地改良後は、県が管理するダムに水を依存しなくてはならなくなる。土地改良によって、谷間も湿地帯もほとんどつぶされるのであるから、今まで利用されてきた水の流れはなくなってしまう。土地改良事業が進むにつれて、原風景の本来あった水の流れはいっしょに失われていくのである。

［野池（1990）］

つまり、畑の間を流れていた小川や湧き水を潰し、代わりに電力や設備を必要とする灌概を施すのが、公共事業の実態なのだ。

野池はまた、土地改良事業が海に与える深刻な問題を書いている。「この事業は広く平坦な農地を造成するために、森を切り、山を削り、沢や湿地帯を埋めていく。その際にむき出しになった赤土が、沖縄特有の叩きつけるような雨によって流れだし、それが排水路や川をつたわって海に至り、島を縁取るサンゴ礁を真っ赤に染める。海に流れ込んだ赤土はサンゴを死滅させる」［同

(1997)」。サンゴの死滅は海の生態系を破壊し、海全体の死を意味する。

リゾート開発と島々

一九八七年に「リゾート法」(総合保養地域整備法)が施行された。同法の特徴は、ゴルフ場建設の際、農業振興地域の解除を行なうことができることや、それまで国の権限であった開発許可を、県へ権限委譲をすることによって開発が容易になったことである。そのため日本中にゴルフ場ができ、飛行機で列島を見下ろすと、森林がバリカンでまだらに刈られた頭のように醜い姿をさらしている。その姿は沖縄の島々も同様である。沖縄県は九〇年三月に「リゾート沖縄マスタープラン」を策定し、沖縄全域がリゾート地として指定された。**図2**は九〇年当時のゴルフ場計画である。

海洋博以来、再び企業による土地の買い占めがはじまった。海洋博バブルで、虫食い状に企業の手にわたった土地は、一部、観光地として開発されたものの、本来、投機的に買われたものが多かったので、バブルがはじけると多くの土地が荒れたまま放置されていた。

再び、土地が動き始めた。海洋博時に土地投資家にわたった土地が再び膨れはじめた。ゴルフ場は広大な土地を必要とし、計画地の中には、森や傾斜地、聖地(御嶽・井泉)、浜なども含まれる。

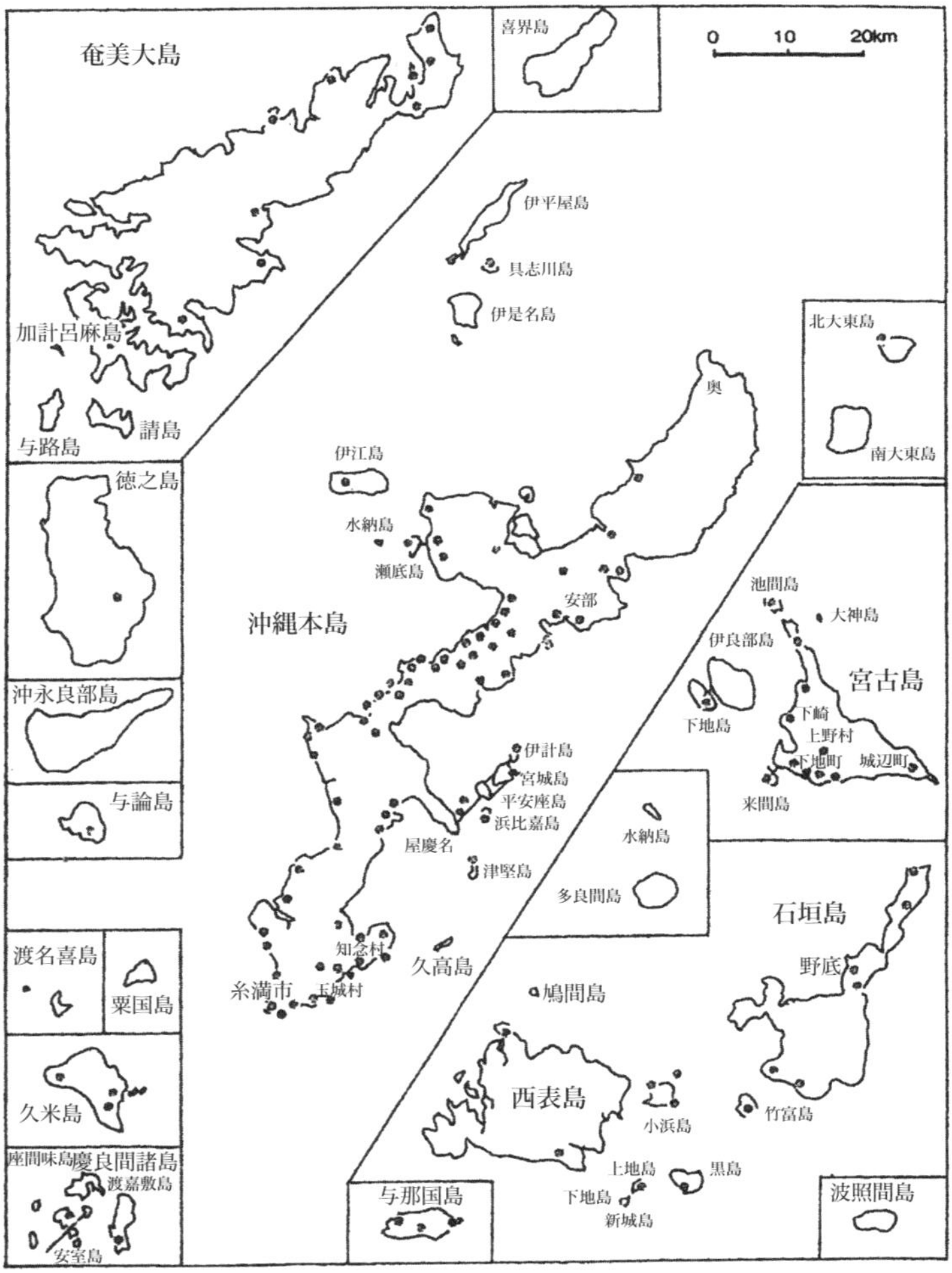

図 2　リゾート・ゴルフ場（既設・計画）概図（1990 年）

出所：安里『揺れる聖域』（1991）

土地改良事業などの、自然破壊とも様相がちがう。当時、私はこれでは沖縄の自然だけでなく、文化や精神世界すべてが破壊され失われてしまう、という危機感から島々を回り取材・調査をした。『沖縄タイムス』紙面で十二回連載し、その後新たに奄美などの島々を取材し『揺れる聖域』〔安里（1991）〕という一冊の本にまとめた。以下、代表的な開発・及び計画の事例を記す。

a 読谷村・基地の跡地に

読谷村は戦後、村面積のおよそ九〇パーセント（一九四六年頃）を米軍基地に強制収容され、その後、六五・一パーセント（一九七四年）、現在は四七パーセントまで減少しているものの、基地は村の発展に大きな障害になっている。たとえば「ボーロー・ポイント射爆場」は、字宇座、儀間の集落内に建設されたもので、ムラ人たちは他に移動させられた。射撃場は七七年にはおよそ八割が返還された。

その返還跡地の利用として、読谷村は積極的にリゾートを誘致した。現在そこには二つの大型ホテルが建設されている。とりわけ、そのうちの「日航ホテル・アリビラ」は、二・七キロにわたって海浜に面し、三つの集落にまたがっている。工事は九〇年ごろから開始されたが、計画の時点で、多くの貝塚遺跡が発見された（図3）。同海浜は珊瑚礁の発達したところで、豊かな漁場でもあった。古くは七〇〇〇年前から、それぞれ年代の違う遺跡が七カ所も発見された。岩場に

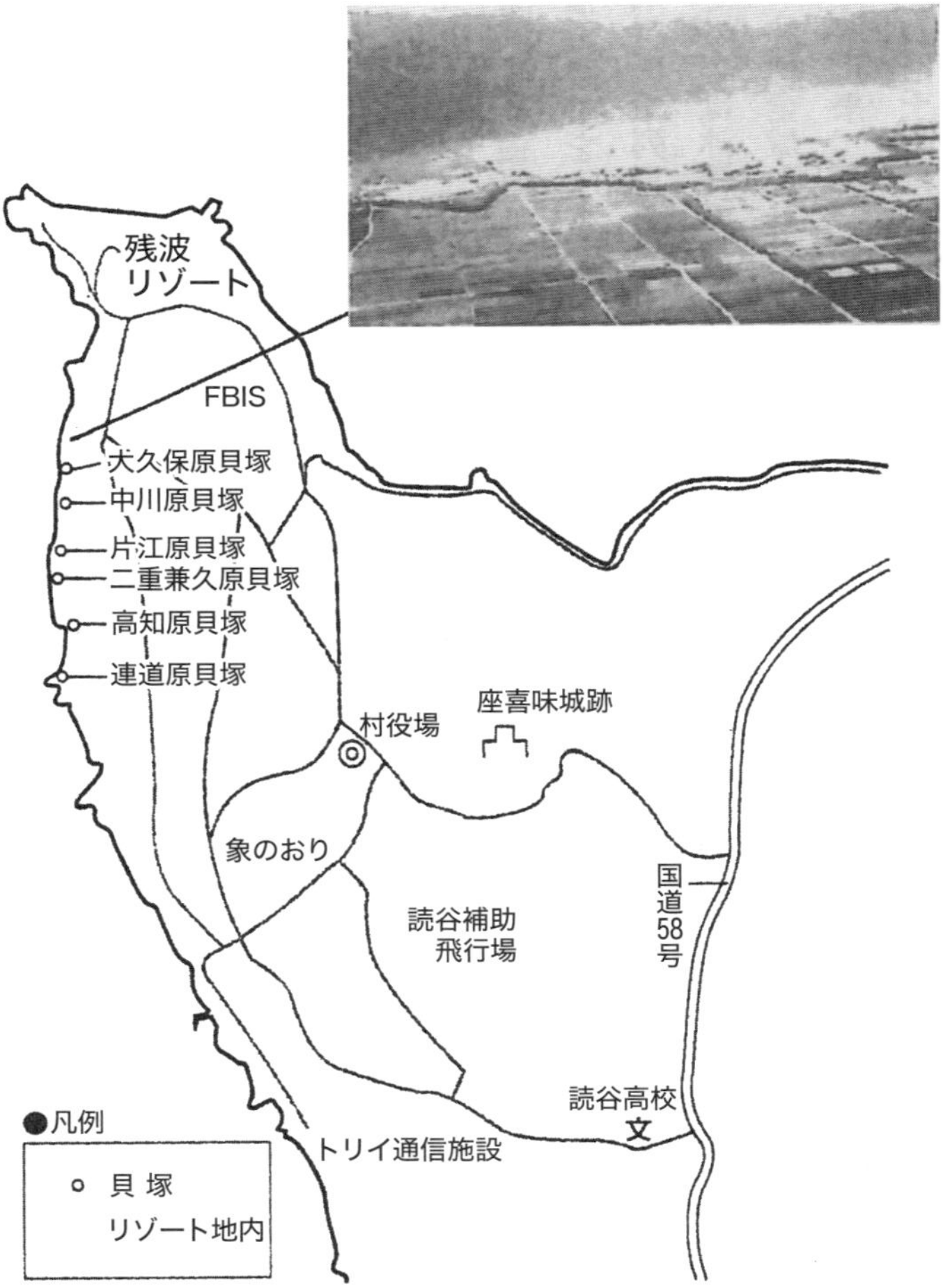

図3　読谷村のリゾート開発と開発地内の遺跡分布（1996年）

は古い墓場もあり、一帯は貝塚時代は住まい、近年は死者を葬る場所となっていた。

b 無人島にも

具志川島は伊是名村に属する周囲およそ四キロの無人の島である。六九年に出版された『沖縄の孤島』には当時の様子が次のように紹介されている。

具志川島を、まわりの島々では〝地上の楽園〟と呼ぶ。島民、ただいま二世帯一一人。分校の先生一家を入れて計一六人である。（中略）海はすみきったサンゴ礁。にぎりこぶし大のサザエがつかみ取りだ。それにタコやシロダイの知られざる宝庫でもある。台風のときでも、風と反対側の島影に行けば、オカズはほしいだけ釣れる。食うには困らない。しかし、この地上の楽園も食う、ただ食うだけの生活でしかない。伊平屋、伊是名の隣の島に行くにも海上二キロは有名な荒波。秋と冬はとりわけ風が強く孤立した日が続く。［朝日新聞社編（1969）］

学校が廃校となり、ついに一九七〇年に島は無人島になる。九〇年ごろ、私が小さな舟を頼んで島に渡ったとき、草茫々をかきわけていくと学校の跡はまだ残っていた。

島は無人になった後、採砂業者が島の一部を買ったが、土地を日本信販に転売した。日本信販は島のほとんどを買い取り「具志川島プライベートアイランドリゾート」を構想し、ヨットハーバーやゴルフ場を建設予定。

同計画は、その後立ち消えとなったが、いつまたどのような開発が行なわれるかわからない状態だ。

この島の興味深い所は、古い遺跡が存在するということだ。「東北地点は沖縄前期系の土器と、奄美系とが混在し、この島の先史時代には、両者の交渉があったことを示唆した。また埋葬遺構の発見は先史社会の様相の解明に一定の前進をもたらした」(『具志川島遺跡群二次・四次調査報告書』)。

ここで重要なことは、珊瑚礁地形の離れ島には、古い遺跡が存在するということだ。したがって無人島であっても、対岸の現村落の聖地として信仰の対象となっている。だから、人が住んでいないから、開発してもよい、ということにはならないのである。

c 名護市安部

名護市安部は、今、新基地建設問題で揺れている辺野古に隣接する村落である。安部にはカヌチャリゾートというゴルフ場を伴う、豪華ホテルが立ち並んでいる。辺野古には一九五五年頃には、すでにキャンプ・シュワブという米軍基地が建設された。その基地のまわりには米兵相手の特飲街もできたが、今はすっかりなりをひそめている。

しかし、その辺野古に再び新基地建設がもちあがろうなどとは、誰も考えていなかったし、隣接する安部の、山桃が実り、薪拾いをした森がゴルフ場となり、森につづく美しい地形をもったカヌチャとよばれた砂浜がリゾートの海水浴場となるなどとは想像もしていなかった。九〇年に私が取材したころは、すでにリゾート建設の計画があって、それでもそのころまではカヌチャの入江には一組の老夫婦が住んでいた。もともとこの浜には糸満や与那原の海人《ウミンチュ》たちが移り住み、小さな集落を形成していたが、最後に残って浜をまもっていたのが、老夫婦だった。「おじいさん」は海人特有の福の神のような豊かな耳をもち、天気の良い日にはサバニを出して漁をした。「おばあさん」はその魚を町で売り暮らしをたてていた。夫婦は最後までリゾート建設に反対でこの浜で暮らし続けていたのだが、途中ついにこの世を去ってしまった。桃源郷のような森に囲まれた神秘の浜は、今はない。そして多くの小さな浜を抱く大浦湾は、新基地建設のための防衛省の調査船が連日やってきて、それに反対する辺野古の人々や支援者たちを威嚇している。

d　宮古の島々

宮古島のリゾート計画は**図4**をみてもわかるように海岸沿いに集中している。この図は九〇年と九七年の取材をもとに作成したものである。当初の計画が数年して変更になったり中止になったものも多いことがわかる。計画通りに推進されたのは主に第三セクターによるもので、行政が

事業主体別リゾート計画	
事業主体（県・市町村）	事業主体（私企業）
計画・稼働中	
コースタルリゾート（平良市） ドイツ文化村（上野村） シマトピア池間（平良市・池間島） リゾート伊良部（伊良部町・下地島）	東急リゾート（下地町）
変更・中止	
	砂山リゾート（平良市） ラ・ピサラリゾート（同上） 張水リゾート（同上） スピルリナリゾート（上野村） 南岸リゾート（同上） 高松リゾート（城辺町） 都築紡績（下地町・来間島） 伸幸リゾート（多良間村・水納島） サシバリリゾート（伊良部町・下地島）

出所：『週刊金曜日』編集部編『環境を破壊する公共事業』緑風出版（1997年）

図4　宮古島のリゾート計画（1990、97年）（安里作成）

その事業の主体になっている。たとえば、平良市の「平良港コースタルリゾート計画」は九〇年に構想されたもので、港を埋め立て、そこにホテル、コテージ、マリーナや人口ビーチをつくる予定であった。埋め立ては面積三六ヘクタール、予算は三〇〇億円。平良市の年間予算が一六〇億四〇〇〇万（九四年度）なので、埋め立ての予算はその二倍である。工事は九三年から始められた。関連施設として宮古島マリンターミナルと同ビルと併設した文化ホールが建設された。この予算が八〇億円。ところが、〇八年になって、文化ホールは閉館を余儀なくされた。

埋め立て地も九七年の時点では、売却予定の土地が売れず、そのために市の財政を圧迫するようになった。埋め立てに要する費用の十分の四は国庫補助であるが、十分の六は市の負担となる。市は埋め立て地を民間に売却することで、その費用を捻出するはずだった。平良市は、二〇〇五年に広域合併をし宮古島市となった。合併した他の町村も平良市同様の事情を抱えていた。リゾート開発によるつけはこのような形で町村の財政を圧迫している。

e　八重山諸島

〈小浜島の場合〉　八重山諸島には、一〇の有人島がある。火山岩地形で水が豊富で水田のある島のことをタングン島とよび、サンゴ石灰岩からなる乾いた島のことをヌングン島とよんでいる。

そのうちの小浜島は、かつて水田で覆われ水牛で田を耕す風景がみられた。年中行事や祭祀もさかんで、祭りの衣装は島の女性たちが自ら糸を紡ぎ、織ったものを着る。九〇年に私が島を訪れたときは豊年祭の直後であったので、庭先に祭りの衣装が干されていて美しく風になびいていた光景が忘れられない。

この島の水田が消えてしまったのは、製糖工場が建設された一九五五年ごろで、以来水田がサトウキビ畑に変わった。

さらに、この島の風景や暮らしを大きく変えたのは、島の面積の六分の一を占めるリゾートホテルが建設されてからだ。このホテルが建設されたのは海洋博が開催され、八重山諸島の島々の土地が本土企業によって買い占められた時期だ。ヤマハリゾートが経営するこのホテルは島人との融和を第一とし、島人による民宿との提携も行なう。夜になるとホテルの宿泊客が民宿を訪れ、歌や踊りを鑑賞するのである。

しかし、巨大なホテルは島の聖地も呑み込んでしまった。島にはいくつもの聖地があり、それらは島の物語でつながり、祭祀のときには順に廻るのだが、これまでの神道《カンミチ》が絶たれてしまった。またホテルの建設のために六〇人もの地主が、生産の場である農地を失った。

〈移住者による開発問題〉

今、石垣島の人口は四人に一人が本土人だという（二〇〇八年現在）。近年、石垣島など八重山の島々で問題になっているのが、他からの移住者問題であり、その移住者をあてこんだ、マンションの建設やリゾート開発だ。他からの移住人口が急増したのは、団塊の世代をあてこんだ企業によるセールスの成果でもある。東京で発行されている『沖縄に住む・理想のセカンドライフ』や『沖縄スタイル』などの雑誌には、沖縄が日本語の通じる外国、あるいはパスポートのいらない海外移住地として紹介され、不動産情報が掲載されている。石垣島で発行されている情報誌『やいま』(二〇〇六年)は、「石垣島の開発と保全を考える」という特集を編んでいる。それによると、

現在、石垣島ではいろいろな開発案件が予定されている。リゾートホテル関係では、市街地近郊に舟蔵の西側、皆野宿の二件、西海岸に米原リゾート、伊土名周辺、野底リゾート(ゴルフ場計画あり)、久宇良リゾート(ゴルフ場計画あり)、平久保リゾート五件、東海岸に伊原間リゾートの一件が石垣市へ申請や相談が行われている。
また宅地造成は、島のいたるところで計画があるが、なかには一〇〇区画を超える分譲予定もあり、一つの集落ができるようなものもある。アパート・マンションの建設も何かに追い立てられているように増え続けている。また看板が立ち、売地となっている場所が約五〇箇所確認できた。

現在八件のリゾートホテルの計画は、新石垣空港の開港を見据えて、まだ増える予想もあ

る。

〔やいま（2006）〕

二〇〇八年現在、開発に関する二つの裁判が行なわれている。そのひとつは吉原という集落の三十四世帯の七階建てのマンション計画で、建設されれば屏風のように集落に立ちはだかることになる。当然、エメラルドグリーンの海は遮られ、これまでのムラの静けさは破られる。「石垣島吉原マンション建築確認処分差し止め訴訟」の原告は吉原の住民である。その意見書によると「同建築計画は石垣市が制定した「景観条例」に逆らうものである。石垣島の山の緑とサンゴの海は貴重な公共財産である」、としている。

もうひとつの裁判は、米原地区リゾート開発計画に対するものである。訴えられたのは業者ではなく、同地域の「農振地域を除外」し、結果的に同計画を許可してしまった石垣市だ。

このように、八重山地域では新しい形の開発問題がおきている。西表の西部地域などにも多くの本土からの移住者がいる。過疎化で人口が減少したムラの祭祀に本土人が参加している光景もみられる。変化しているのは外的風景だけではなく、内的風景も含まれている。

おわりに

国家予算による開発は、第一次から三次計画をへて形を変えて進められている。それだけに止まらず、基地や新基地建設問題を抱える北部地域では「北部振興資金」「島田懇談会」（沖縄米軍基地所在市町村に関する懇談会）、「米軍再編特措法」などによる地域への資金投下で、開発は止まることをしらない。しかし、政府が地域自治体に補助金を投下すればするほど、市町村自治体の財政は逼迫するという現象が顕著になっている。投下されたお金がどのような使われ方をしているのか、その行方を私たちはもっと厳しくチェックしなければならないだろう。

沖縄の開発問題は多岐にわたっている。現在もなお開発が進み問題が多発しているが、最後に、本文中で触れることができなかった環境問題について、その大枠だけを述べておきたい。

〈山原の森〉 現在、最も開発の標的にさらされているのが、北部の山林地域である。山原《ヤンバル》とも呼ばれている森はイタジイの繁る生態系豊かな森として知られるが、戦後は米軍の「北部訓練場」として使用され、現在は東村高江にヘリパット基地が建設されようとしている。三ヘクタールもの山林を破壊し、六基のヘリのための基地をつくろうとしている。山を削り、ジュゴンの生息する辺野古の海を埋め立てようとする日米政府は、今、山原の森と海を破壊に追い込もうとしている。

一方で、公共事業としての林道整備、ダム開発なども森の生態系を大きく破壊している。山原の森には、世界ではそこにしか生息しないヤンバルクイナやノグチゲラなどの固有種に与える影響も大きい。

〈泡瀬干潟埋め立ての問題〉

「復帰」後、埋め立てられた海は多い。西原、与那原の海岸線はすべて埋め立てが完了し、かつて山原船が行き交った東海岸の風景は失われた。それに加え、護岸の建設やテトラポットなどで、これまでの自然海岸はほとんどが失われた。

沖縄市泡瀬干潟の埋め立ては、全県的な反対運動にもかかわらず、現在、埋め立て工事が進行している。同干潟は一九八〇年代に埋立構想が浮上し、二〇〇二年に最初の計画を縮小し工事を着工した。国と県による埋立事業費は約四八九億円。二〇〇七年度までに一九九億円が投入された。干潟には一一三種の希少動物（魚類三種、甲殻類一一種、貝類九九種）の生息が報告されている。現在、第一区九六ヘクタールの工事が進められており、一二年に埋立が完了する予定。第二区域（九一ヘクタール）は、市長が見直しを決めている。

二〇〇五年、沖縄の市民五八二人が埋立に対して「工事を差し止める訴訟」をおこしたが、それに対し那覇地裁は〇八年十一月十九日に、原告の要求を認めた。

〈新石垣空港問題〉　一九七六年浮上した新石垣空港建設問題は、建設が予定された白保公民館を中心とする「新空港建設阻止委員会」と那覇在住者で組織する郷友会有志を中心に反対運動がはじまり、それが「沖縄・八重山・白保の海と暮らしを守る会」へと発展し、やがて全国に支援の輪が拡がった。そして九八年、白保案は、隣接する宮良地区へと位置の変更がなされた。しかし、同案も住民の反対運動で阻止。だが、九九年には再び白保の陸上へと計画案がだされた。新空港は、二〇〇六年に着工され、二〇一三年三月に開港した。

〈宮古・八重山への自衛隊配備問題〉　沖縄に自衛隊が配備されたのは「復帰」後である。当初、沖縄戦の体験から「軍隊は住民を守らない」という反自衛隊感情が強かった。だが、近年では、自衛隊の融和政策で離島、とりわけ与那国島や宮古、八重山地域での出入りがめだつようになった。

また一方で、下地島空港を抱える伊良部町議会（現宮古島市）が、二〇〇五年に「下地島等への自衛隊駐屯要請決議」をした。これには誘致のために暗躍した、政府とつながった人物も浮かびあがり、怒った島民たちが、議会決議を撤回させた。

石垣島でもひんぱんに高校に出入りしている自衛隊員の姿もみられる。同島で懸念されているのは、新石垣空港の自衛隊との共用である。あるいは、現空港の跡利用として自衛隊が使用するのではないか、と危ぶむ声もある［安里（2008）］。

追記

「防衛省は、『自衛隊の配置の空白地帯』とする奄美大島、石垣島、宮古島に警備部隊などの配備を進めている。一六年に沿岸監視隊が配備された与那国島と合わせると、二千人規模の配置となる。」（『沖縄タイムス』二〇一八年十一月十九日）

これまで、八重山諸島には自衛隊基地は無かったが、二〇一六年に住民の反対を押し切って、与那国島陸上自衛隊沿岸監視隊が設置された。さらに石垣島にはすでに九一億七千万余の予算がつき、環境調査がなされないまま、一八年度中に宿舎などが整備される。宮古島はすでに工事がはじまり、最終的に八〇〇人が配備される。射撃訓練場や弾薬庫が建設される予定で、地下水の汚染が懸念されている。

自衛隊配備計画の段階で地域（島）は、賛否をめぐって意見が分かれ、すでに建設された与那国島では自治そのものが破壊されている。

注

（1）米海軍軍指令二九号「旧居住地移住の計画と方針」、布令二九号「割当土地制度」による。

（2）「不幸の前提は、農民が伊江島に帰ったときすでにつくられていました。伊江島の六三％が農民に知らされないですでにこっそりと米軍によって、軍用地に取られてしまいました。旧日本軍の飛行場をふくめて、すでに三つの飛行場が完成していました」[阿波根（1973）]。

（3）九八年三月、「改正沖縄振興法」が成立し、新たに「観光振興地域制度」「特別自由貿易制度」などの七項目が加えられた。

（4）共同売店は、一九〇六年に国頭村字奥で創設され、主に本島北部地域にひろがった。字民の出資によって運営され、利潤は字民に還元された。また利潤の一部は、福祉や奨学資金にもあてられた。字民による相互扶助のシステムである。

（5）『琉球弧の住民運動』（CTS阻止闘争を拡げる会編）は、一九七七年に創刊された。代表世話人・新崎盛暉。年四回発行で、第一期は一九八四年、第二五号で終刊。第二期は八六年十二月に復刊し、九〇年十二月で終刊。奄美から沖縄、宮古、八重山諸島の地域の住民運動グループ、四六余りの会が誌面を通して交流・連帯した。

（6）久高島では現在でも土地の私有化がみとめられておらず、畑や屋敷なども総有地となっている。畑は地割のままの形が残っている。一九八八年に「久高島土地憲章」が作られた。

引用・参照文献

安里英子（1991）『揺れる聖域』沖縄タイムス社
——（1996）「リゾートを考える」、沖縄県教育文化資料センター環境・公害教育研究委員会『消えゆく沖縄の山・川・海』沖縄時事出版
——（1998）「開発とくらしと女性たち」、『沖縄県女性史研究』第二号、沖縄県教育委員会
——（1999）『琉球弧の精神世界』御茶の水書房
——（2002）『沖縄・共同体の夢』榕樹書林
——（2008）『凌辱されるいのち——沖縄尊厳の回復へ』御茶の水書房

安里清信（1981）『海はひとの母である』晶文社
朝日新聞社編（1969）『沖縄の孤島』朝日新聞社
阿波根昌鴻（1973）『米軍と農民』岩波新書
沖縄県知事公室編（1973）『みんなの県政・号外』
沖縄県農林水産部（2008）『沖縄県の農業農村整備』
沖縄タイムス（2001）「復帰三〇年・公共事業を問う」（連載）二〇〇一年一月十四日
沖縄の文化と自然を守る十人委員会（1976）『沖縄喪失の危機』沖縄タイムス社
金武湾を守る会（1978）『闘いの足跡』
来間泰男（1977）『海洋博にゆれた寒村――本部町石川地区』沖縄県農業会議
小橋川共男（1985）『魚わく海・白保』海帰舎
内閣府（2002）『沖縄振興計画』
名護市（1973）『名護市総合計画・基本構想』
野池元基（1990）『サンゴの海に生きる・石垣島白保の暮らしと自然』農山漁村文化協会
――（1997）「土地改良事業がサンゴ礁を脅かす」、『環境を破壊する公共事業』緑風出版
やいま（2006）『やいま』二〇〇六年十二月号、南山舎
琉球銀行調査部（1984）『戦後沖縄経済史』琉球銀行

「沖縄振興開発計画」と住民によるオルターナティブな視点
――開発・環境・自立――

はじめに

沖縄の復帰後の開発計画は、一九七二年の沖縄開発庁の設置と同時に実施された「沖縄振興開発計画」によっている。同開発計画は七一年十月十六日に招集された第六七臨時国会（通称沖縄国会）で沖縄返還協定と沖縄復帰関連法案が審議され、強行採決された「沖縄振興開発特別措置法」によるものである。ちなみに沖縄復帰関連法とは、

1　「沖縄の復帰に伴う特別措置に関する法律」

「沖縄の復帰に伴う関連法令の改廃に関する法律」
2　「沖縄振興開発特別措置法」
「沖縄振興開発金融公庫法」
「沖縄開発庁設置法」
3　「沖縄における公用地等の暫定使用に関する法律」
「沖縄の復帰に伴う防衛庁関係法律の特別措置に関する法律」

で、七法から成っている。1は、復帰に伴う混乱を避けるために定められた、いわゆる暫定措置法である。2は、本土と沖縄の格差を是正するために制定された振興開発のための特別法である。3は、自衛隊の配備、米軍基地、自衛隊基地（公用地）の維持を図るための法律である。

沖縄の復帰後の開発計画はしたがって、それらの法施行によって実施されることになった。「沖縄振興開発法」に基づく「沖縄振興開発計画」は一次（昭和四十七〜五十六年度）、二次（昭和五十七〜平成三年度）と終了し、現在三次（平成四年度〜）が進行中であるが、九八年三月「改正沖縄振興開発法」が成立し、新たに「観光振興地域制度の創設」や「特別自由貿易地域制度の創設」など七項目が加えられた。

同振興開発計画には、これまでおよそ五兆円もの予算がつぎ込まれ、復帰記念事業であった沖縄海洋博、ダム開発、農業基盤整備事業などのさまざまな公共事業が行われていった。この急激な開発は沖縄の自然環境や暮らしや文化・自治にさまざまな影響をおよぼした。一方、地域では、それに抗する住民運動が起こった。そして、それはまた単なる反対運動にとどまらず自らの暮らしへの見直しや、新しい価値の創造へと発展した。本稿では復帰後行われた、「沖縄振興開発計画」を中心とする経済開発と問題点、そしてそれに対抗する地域の住民運動とオルターナティブな提案についてふれてみたい。

施政権返還と沖縄開発庁の設置

(1)開発庁の変遷と歴史

一九七二年五月十五日、沖縄の施政権が日本に返還されると同時に、日本政府は沖縄開発庁を設置した。開発庁は、北海道と沖縄のみに設置されているもので、北海道開発庁の場合にはすでに一九四七年に設置されている。

では、沖縄開発庁とはどのような役割と性格をもって設置されたのだろうか。『沖縄開発庁二〇年史』にはその沿革が記されている。それによると開発庁は、復帰の時点で突然設置されたものではないことがわかる。

●一九五二年、南方連絡事務所設置
連合国総司令部の要請により、米側機関との連絡を図るため日本政府連絡機関として那覇と奄美大島に設置。小笠原諸島等の南方諸島に関する事務も同局が掌握。
●一九五八年、特別地域連絡局設置
奄美群島の復帰に伴い名瀬出張所の廃止。ただし新たに北方地域に関する事務を所管。総理府の内部部局となった。
●一九六八年、日本政府沖縄事務所設置
六七年の日米首脳会談により、米国民政府との協議権能を行使。六八年六月には小笠原諸島が復帰し、同諸島に関する事務は自治省所管となった。
●一九七〇年、沖縄・北方対策庁設置
佐藤・ニクソン会談において七二年復帰が実現することになったことに伴い、その準備と、あわせて北方領土問題その他北方地域に関する諸問題の解決を図るため機構を拡充。
●一九七二年、沖縄開発庁設置
沖縄の復帰により、沖縄・北方対策庁は廃止。ただし沖縄の特殊事情にかんがみ、沖縄の振興開発のための総合的な計画を作成し推進するため国務大臣を長とする沖縄開発庁を復帰と同時に設置。また一元的事務処理を行うため、沖縄現地に沖縄総合事務所を設置する。北方に関する事務は、新たに総理府に北方対策本部をおいて所管。

以上のような経過をみてみると、開発庁の性格がより鮮明にみえてきたように思える。たとえば、五二年の南方連絡事務所の設置が五一年の講和条約施行の直後であり、米軍の基地政策が強化され、恒久化されていった時期と一致する。以後の変遷時期もそれぞれ日米間の軍事的政策の変化や転換に伴うものであることがわかる。したがって、沖縄の施政権返還が軍事基地の継続を前提としていた以上、当然、沖縄開発庁が日米両政府の調整機能を有していることは明らかである。同時に、沖縄の経済振興策が基地政策と密接に結びついていることはいうまでもない。

(2)「沖縄振興開発計画」の実施

沖縄振興開発計画は、冒頭で記したように「沖縄振興特別措置に関する法律」に基づき、沖縄開発庁の設置とともに策定されたもので、七二年十二月十八日に決定されている。同計画書は計画作成の意義について、次のようにふれている。

「戦後長期にわたりわが国の施政権外に置かれた沖縄は、昭和四十七年五月十五日をもって本土に復帰し、新生沖縄県としてわが国発展の一翼を担うこととなった。この間、沖縄は、県民のたゆまぬ努力と創意工夫によって目覚ましい復興発展を遂げてきたが、苛烈な戦禍による県民十余万の尊い犠牲と県土の破壊に加えて、長年にわたる本土との隔絶により経済社会等各分野で本土との間に著しい格差を生ずるに至っている。

これらの格差を早急に是正し、自立的発展を可能とする基礎条件を整備し、沖縄がわが国経済社会のなかで望ましい位置に占めるようつとめることは、長年の沖縄県民の労苦と犠牲に報いる国の責務である。同時に、沖縄の復帰は、国際社会において重要な役割を期待されているわが国にとって、沖縄が中国、東南アジアにもっとも近いことから、これら諸国との経済、文化の交流を図るうえで、きわめて意義深いものといわなければならない。

このため、沖縄が本土復帰を遂げたこの歴史的な時点において、長期的、総合的な観点に立って将来展望を行い、地方自治を尊重し県民の意向を反映しつつ、今後逐次実行に移すべき基本的な方策を明らかにする必要がある。ここに沖縄の振興開発計画を策定する意義がある。

この計画は、沖縄振興開発特別措置法に基づいて策定する総合的な振興開発計画であり、今後の沖縄の振興開発の向かうべき方向と基本施策を明らかにしたものである。したがって、政府部門においては、その施策の基本となるものであり、民間部門については、その自発的活動の指針となるものである。また、民間部門における財政投融資などによる誘導助成は、この計画に沿って行われるものである」。

表1　沖縄振興開発事業費の推移

（国費、補正後ベース）

第1次沖縄振興開発計画 昭和47年度～昭和56年度	1兆2492億6000万円
第2次沖縄振興開発計画 昭和57年度～平成3年度	2兆1348億4800万円
第3次沖縄振興開発計画 平成4年度 平成5年度 平成6年度 平成7年度	 2838億0000万円 3430億0000万円 2834億0000万円 3574億0000万円
合　　計	4兆6517億0800万円

（出典）「県勢概要説明」沖縄県（平成8年6月）

表2　類似県における行政投資額

（単位：億円）

市町村名	昭和47	48	49	50	51	52	53	54	55	56
1 沖縄県	413	1,230	1,867	1,621	1,811	2,239	3,041	3,351	3,417	3,790
2 宮崎県	959	1,112	1,368	1,680	1,753	2,396	2,929	2,927	3,146	2,903
3 佐賀県	822	851	1,121	1,296	1,355	1,780	2,089	2,281	2,576	2,602
4 高知県	937	926	1,295	1,695	2,079	2,314	2,731	2,836	2,905	2,960
5 徳島県	864	970	1,157	1,275	1,449	1,700	1,929	2,009	2,131	2,152
6 島根県	897	929	1,319	1,472	1,593	1,942	2,411	2,654	2,904	3,054
7 全　国	93,207	106,924	142,043	165,136	175,980	208,684	243,725	261,103	278,764	287,934

市町村名	昭和57	58	59	60	61	62	63	平成元	2
1 沖縄県	3,713	3,890	3,994	4,193	4,038	4,173	4,004	4,227	4,202
2 宮崎県	3,012	3,037	2,864	2,688	2,750	3,096	3,046	3,392	3,522
3 佐賀県	2,699	2,673	2,568	2,538	2,713	2,834	2,915	3,090	3,184
4 高知県	2,862	2,907	2,835	2,740	2,928	3,145	2,983	3,269	3,488
5 徳島県	2,117	2,208	2,173	2,134	2,019	2,359	2,470	2,689	2,934
6 島根県	2,778	2,928	3,781	2,968	2,865	3,024	3,139	3,461	3,494
7 全　国	287,621	279,872	276,400	265,055	278,607	304,115	316,789	338,275	367,937

資料：行政投資実績

（出典）「本県経済における公共投資の効果分析報告書」㈱沖縄計画研究所（平成6年）より

ここで強調されているのは、本土と沖縄の経済的格差が早急に是正されなければならないということである。しかしながら、その考え方の根底にあるのは日本の六〇年代の高度成長の延長線上にある工業優先、開発優先の考え方と同一のものである。沖縄ではすでに、復帰以前の佐藤・ニクソン会談によって施政権の返還が決定した前後から、巨大な石油基地の建設やアジア随一の規模を誇るパイロット訓練飛行場の建設計画が進められていた。

振興開発がもたらしたもの

（1）環境問題と住民運動

振興開発による国の公共投資は莫大な数字である。一次、二次、三次振計の投資額は**表1**の通りである。[1] また公共（行政）投資額を類似県とで比較してみると（**表2**）、昭和四十七年でみると、沖縄は極端に少ない。これは振興開発計画の投資が実際には四十八年度からしか表われてこないためである。四十八年は他の類似県に比べてトップで以後も五十年、五十二年を除くと常にトップであることがわかる。

では、この莫大な公共投資は沖縄の社会や自然環境にどのような影響を及ぼしたであろうか。たとえば第一次振計の目玉であった沖縄国際海洋博覧会（海洋博）を見てみると、その投資額は本体だけで二〇〇〇億円とも三〇〇〇億円ともいわれる。それ以外にも関連工事として、高速道路の建設、道路、空港、港湾等の整備、周辺市町村のゴミ・し尿処理施設、水道事業、通信施設などあわせると一二〇〇億にものぼった。

海洋博は一九七五年七月二十日から七六年一月十九日まで本部町《もとぶちょう》で開催された。同計画が決まると、当時は海洋博景気をもくろんで誘致合戦がくりひろげられた。開催地が本部町に決定されると、同町の字石川、山川、浜元、備瀬など四つの集落の一部が会場用地として使用された。また会場用地として国に買収されただけでなく、民間による土地の買い占めも進行した(2)。字山川の土地の売買状況を見てみよう。

・字石川の総面積　二五万一九坪
買い占め面積　一一万三八一〇坪（四五・五％）
うち会場面積　五万三〇三一坪
・買い占め面積の地目別内訳
畑　五万六七三四坪（四九・八％）
山林原野　五万五五〇坪（四四・四％）
宅地　六三三二坪（五・六％）

その他　一九四坪　（〇・二％）

この数字でわかるように、宇山川の集落はわずかな土地を残してそのほとんどが、国および民間の個人および法人に買いとられてしまったことになる。つまり、これまで農業によって生計をたてていた山川の人々は自らの生活基盤を失ったことになる。民間の個人や法人による土地の買い占めの問題に関していうと、海洋博開催地となった本部町だけでなく、宮古、八重山をふくむ沖縄全域におよんだことである。復帰混乱のなかで離島では農地を手放す人も多く、離島の過疎化に拍車がかかったともいわれる。海洋博の開催が沖縄に決定した復帰直後から沖縄諸島の山林、原野、農地の全域が虫食い状に買い占められた。

さらに、筆者がその後九〇年前後にリゾート関連会社による土地の買い占め状況を調査したところ[3]、大型リゾート用地、とりわけゴルフ場用地などは、海洋博当時に買い占められ、遊休化したままの土地がさらに別の法人によって買収され、複数の地目を買い足していくことにより拡張された事例が多いことがわかった。だがリゾート開発計画の多くはバブルの崩壊により計画倒れになった事例も多く、そのために放置された土地が荒れたまま放置され問題となっている。

海洋博によって生じた問題[4]は、高速道路や国道の整備などに伴う自然環境の破壊や自治体（村落共同体）の破壊に止まらず、経済混乱をもまねき「海洋博後遺症」は長期にわたった。このよ

ない。うに、振興開発の実施は、最初から沖縄の社会、経済を混乱におとしいれたといっても過言では

石油備蓄基地計画と住民運動　一九七〇年三月「金武湾地区開発構想」[5]が策定され、一〇〇〇万坪の公有水面の埋め立て計画が明らかにされた。七〇年六月には屋慶名・平安座間の海中道路が完成し、七二年琉球政府は、沖縄三菱開発に公有水面埋め立ての認可をし、二六〇〇万キロリットルの石油備蓄計画がなされ、金武湾の風景は一変した。では金武湾とそこに浮かぶ島々とはいかなる環境であったであろうか。

現在海中道路でつながった屋慶名と宮城島との間のウラムテイと呼ばれる海は、海草、魚介類、白イカの産地だった。金武湾を守る会の代表世話人であった安里清信氏（故人）はこの金武湾について、伊礼孝と次のような対話を残している。

「昔は、これから春になる日、つまり立春が年の始めの日であったというから、まさにこの時期は、その変化に沿って生きた人間の再生を意味していたわけですね」

「そうなんだ。その頃から金武湾の海も色づきはじめ、声はださないが、さまざまな魚介類がクリナチして、海をもりあげてきたものだ。スヌイが海にゆれ、若芽をだした海草には白

イカの卵が銀色に光り、海を朱に染めてスクが押し寄せるというわけだ。

金武湾と白イカ。半島の人びとと白イカ。その関係をキミたちにどう伝えたらいいものか。極端にいって、金武湾を失ったことは、白イカを失ったことであり、白イカで成り立っていた半島の人びとの伝統的ないきざまを失ったことを意味するものなのだ。

白イカのハラを見たことあるか。白イカはだなア、渚や潮だまりのセーグワーを食べ、サンゴ礁の間に青々と揺れる藻に卵を産み、繁殖してきたものだ。セーグワーがいなくなった浜磯、海藻の死滅した海でどうして白イカが生きていけるのか。白イカがとれなくなった島でどうして人間が生きていけるのか」。

(『琉球弧の住民運動』第一二号、一九八〇年)


屋慶名に住む安里氏を何度か訪ね、話を聞いたことがある。それによると男たちが採ってきた白イカを今度は、女たちが売りにいく。おそらく白イカの入ったタライを頭にのせて、女たちはコザの街にもでかけたにちがいない。コザの人たちも、その姿を見て、白イカの季節がやってきたこと知る。白イカを売ったお金は屋慶名の女性たちの大切な現金収入で、それで子供たちが学校にいくこともできた。また夜浜に下り、明りをつけて砂を掘ると、エビをいくらでも採ることができた。そのエビはよく弁当のおかずになったという。このように金武湾に沿う屋慶名の人びとの暮らしは海と共にあり、海に助けられ成っていた。

ＣＴＳ（石油備蓄基地）に反対する「金武湾を守る会」は一九七三年に結成された。同会は宮城島土地を守る会、与勝の自然と命を守る会など七つの団体で組織され、ＣＴＳ計画の白紙撤回をもとめた。闘いの記録は主に同守る会の機関誌『東海岸』や『琉球弧の住民運動』に掲載されているが、そのなかでも次の言葉は印象深い。

「私たちは、一二五〇人の原告団を組織し、営々たる作業をつみ重ねて、四月九日、ＣＴＳタンク工事差し止め仮処分申請を那覇地裁に提出した。私たちはこの裁判の判決によってＣＴＳを阻止しうるとは考えていない。漁業権を生き埋めにしてはじなかった司法に、環境権や民衆の生存権を根拠にして、ＣＴＳ建設差し止めの裁判を期待することはできないのである。もし戦術的実行性の尺度でこの裁判闘争を見るならば、その意義はゼロに近いであろう。しかし私たちはあえて、この裁判の提訴にふみ切った。万分の一はあるかも知れぬ可能性にかけたのではない。私たちは、生き埋めにされた漁業権を含み込む環境権、生存権をより強固に、より深く私たち民衆の精神のなかに打ちきたえつつ、ＣＴＳの破壊性、危険性を頑強に告発し続ける以外に道はないからである。勝てる、勝てないの判断が、我々の闘いの根拠ではない。闘いの根拠はそうした判断以前にあり、民衆の歴史と生き様の中に、天地自然の摂理と人の世の道理の中に、そしてそれをますます我が物とする以外には展望し得ぬ沖縄の未来を建設しようとする意思の中に存在しているのである。私たちは、闘いの根拠を私たち自身の中に一層うちきたえ、より強く自覚しつつ、CTS建設を告発しつづける」。

（平良良昭『琉球弧の住民運動』一九七七年）

住民によるオルターナティブな視点

（1）名護市の逆格差論について

逆格差論の背景　名護市が『名護市総合計画・基本構想』を策定したのは、復帰直後の一九七三年のことである。その一〇年前といえば、一九六四年開催の東京オリンピックをピークに日本の高度成長真っ盛りの時である。池田内閣による「所得倍増計画」により工業化政策がおしすすめられ、日本はまさに消費こそ美徳という物質文明に酔った時代でもある。だが一方で日本の各地では、公害問題も続発した。熊本県・不知火海に面する漁村、とりわけ水俣市でもっとも多くの患者をだした水俣病はその典型である。日本の工業化はこれまで前例がないほどに公害を発生させたが、しかしながらまた、それに抗する住民運動もまた各地に誕生した。したがって日本の工業化の歴史は、すなわち反公害運動の歴史としてとらえなおすこともできる。だが、昭和四十年代に入ると、エネルギー問題で世界は揺れ、いわゆるオイルショックは沖縄にもその影響をおよぼすことになった。オイルショックによって石油を備蓄する必要が発生した日本は、その備蓄基地を沖縄に求めたのである。それが前述した一九七〇年のＣＴＳ建設による「金武湾開発構想」である。

さて、七三年にＣＴＳ建設計画に抗する「金武湾を守る会」が結成された同じ年に名護市では『名護市総合計画・基本構想』が策定され、その中で逆格差論が提案された。

名護宣言　同基本構想の序文には次のようなことが記されている。

「現代は地域計画が本質的に問われている時代である。我々が自然の摂理を無視し、自らの生産主義に全てを従属させるようになった幾年月の結論は、今自然界からの熾烈な報復となって現れ、人間は生存の基盤そのものさえ失おうとしている。従って名護市の総合計画を策定するに当たっては、本計画が一つの地域計画として全体世界にかかわりをもち、地球上の一画を担当していることの重要な意味を認識すると共に、本市の市民一人一人に、人間として最も恵まれた生活環境を提供していくことに、基本的な目標をおくべきであると考える。

そのためには目先のはでな開発を優先させるのではなく、市民独自の創意と努力によって将来にわたって誇りうる、快適なまちづくりを成しとげなければならない。多くの都市が道を急ぐあまり、図らずも生活環境を破壊していった側に接するにつけ、たとえ遠まわりでも風格が内部からにじみでてくるようなまちにしたいと思うのである。

従来、この種の計画は経済開発を主とする傾向が強く、とくに長期におよぶ米軍統治と本土からの隔絶状況におかれていた沖縄においては、「経済大国」への幻想と羨望が底流にあったのであるが、いわゆる経済格差という単純な価値基準の延長上に展開される開発の図式から、本市が学ぶべきものはすでになにもない」ときっぱり言い切っている。

沖縄振興開発計画が、本土との経済的・文化的格差の是正を目標にしていることは先述した通りである。沖縄が戦後、行政的に日本から分離されたことにより生じた格差をうめ、経済的恩恵を公平に受けることについては異論のないところだが、しかし現実にはさまざまな問題をうみだした。一つには経済開発の名のもとで行われる環境破壊の問題であり、文化の画一化の問題である。そして二つめには自治の問題がある。経済振興策のもとで行われる権力の中央集権化である。沖縄はこれまで常に、ことあるごとに中央国家あるいは周辺国家の支配や影響を受けてきた。したがって政治の節目節目における変化に対して敏感である。「世替り」の際、常に自立論や独立論が噴出するのも、そのあらわれであろう。

名護市が中央の政策に対して、はっきりとそれとはちがう論理をうちだしたことはその意味においては、ごく自然なことといえる。

逆格差論　名護市の基本構想では、逆格差論の理論的根拠を次のように述べている。
「日本の地域開発は、これまで多くの場合、所得増大のみを唯一の至上目的として、その内実＝質を問うことなく強行されてきたのである。その結果としての深刻な生命、生活、自然破壊の現実を見るならば、沖縄にとって中央＝工業優先の行き方が、決して理想ではなく、むしろ否定すべき現実であることが分かるのである」と、中央の経済優先の政策や価値観を批判したうえで、名護市が選択すべき方法を示している。それについては「所得をやみくもに上昇させて、公害をまき散らすことではなく、失われた山地、平野、河海をとり返し、そこに正当な生産活動を回復させることであろう」と。

ここで言う正当な生産活動とは、第一次産業と地場産業である。工業中心の開発や等身大（ヒューマンスケール）をはるかに超えた開発や市場経済が、自然の生態系や人間の生命活動の弱体化につながっていることは自明のことである。第一次産業とは土と水、海という生命系をあつかい、生命そのものを維持するための産業である。地場産業については玉野井芳郎が次のような興味深い論を展開している。(6)

「そうした土と水に依拠した生命系の世界をしっかりと踏まえたうえで、非生命系の世界すなわち工業の世界を位置づけ直す必要があります。生命系を損なわないようなもうひとつの技術があるのではないか。それがオルターナティブ・テクノロジーと呼ばれているものです。中小企業を一律に経済的弱者とみなす時代は終わっています。地域それぞれの風土を生かせるような地場産業が育成されていかなければならないと思います。食品を含む最終消費財は、大企業ではない中小企業としての地場産業を通してはじめて、地域的に多様に分化することが可能となるものです」。

一方、ヨーロッパでは、七一年にイバン・イリイチの『オルターナティヴズ――制度変革の提唱』[7]が出版され、七三年にはシューマッハによる『スモール・イズ・ビューティフル』が出され話題となった。

文明諸国の巨大産業化と資本の植民地化は文明国内部からの工業社会への反省と変革の声と行動がでてきたことや、また支配される側においても同様な開発による生命系の破壊が生じたことから、それに対する抵抗が起きていることに注目する必要がある。同基本計画は「象設計集団」(東京在)と名護市の共同作業によるものである。名護市の場合は、すでに高度成長を経験した本土側の目が注がれることにより、振興開発計画への警告となった、とみることもできる。したがって、名護市の発した逆格差論は当時のヨーロッパ社会や日本、さらには第三諸国の関係をも含む普遍的課題であったということができる。「所得とは何か、格差とは何か、中央と地方とは何か、そして本来、社会的に要請される計画の論拠が、経済学的にのみ一方的に設定されることは正しいことなのか、といった点について充分考えてみなければならないといえるであろう」との名護市のこの問いかけは、沖縄復帰の本質をよく映しだしていると同時に、本土と沖縄の関係をも映しだしているといえる。

伝統的な社会の再発見と可能性

逆格差論とは言い方をかえれば、「真の豊かさとは何か」という問いかけでもある。今日、豊かさの基準をどこにおくかということは非常に重要である。個人の好みのレベルなどというなまやさしいものではないことは当然のことである。ではその基準をどこにおくべきか。それは、一部の人だけでなく、すべての人びとが安心して生きられる条件を整えなければならないということである。地球の北側で食料が余り、南で飢餓の状態がつづくという状態は決して真の豊かさとはいえない。すべての人びととの生命とすべての生き物の、すなわち万物の生命が維持され、祝福しあえる関係でなければならないし、すべての人びとが平等にその豊かさを享受されなければならない。

では、すべての人が豊かさを享受できる自然的環境、社会的環境とはどのようなものでなければならないだろうか。名護市基本構想の策定にかかわった重村力は「神話の回復をもとめて」(『建築文化』彰国社、一九七七年)と題して、次のように述べている。「どういう世界を求めるかという

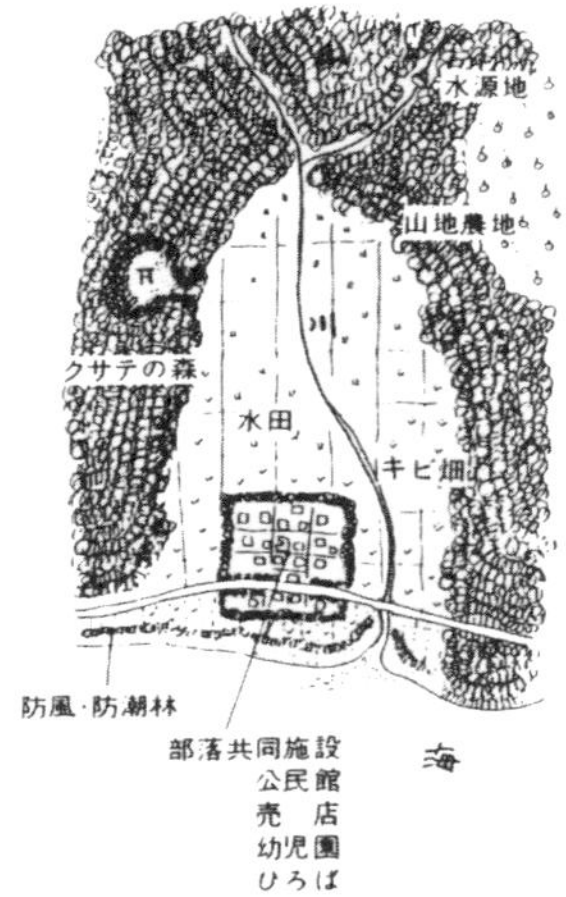

図１　山原型土地利用図

（出典）「今帰仁村土地利用基本計画」今帰仁村（1975 年）より

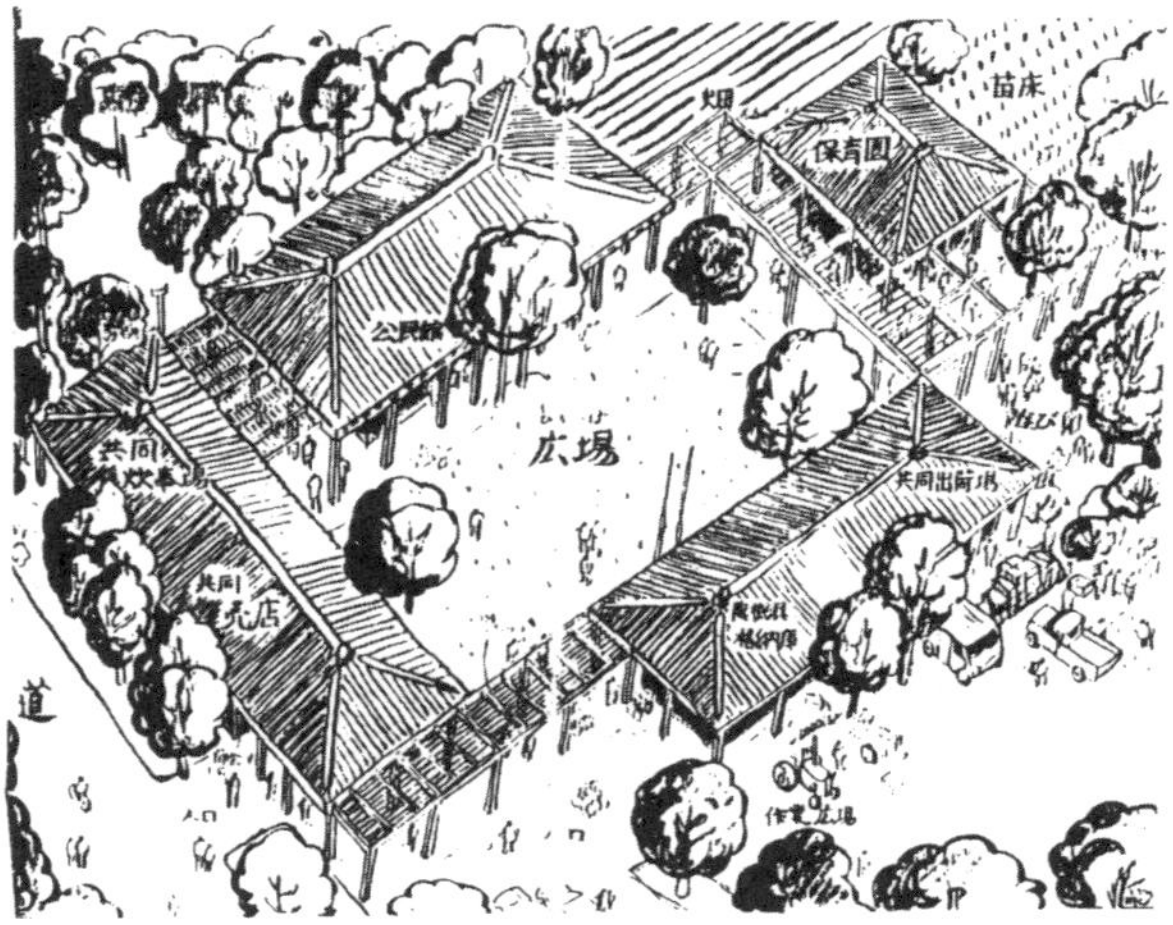

図２　字公民館周辺整備計画

（出典）「今帰仁村基本構想」今帰仁村（1975 年）より

ことについては……村づくりの最大の原動力となるべきものは集落のコミュニティである。最も感銘深いものは集落の完結性とその美しさであった。集落配置が山ひだの水系や浜の分布と一致する北部（山原）では、その明快さは顕著である。さらに、さまざまな入会《いりあい》的・自給的なストックと、生活を通じての協同性が人々の生活を支えており、地域とは、人と環境との、人と人との綾目として組み立てられた実態である」等々。

沖縄にはまだまだ、伝統的な村落共同体が息づいている。とりわけ基本構想が策定された当時はもっと濃厚であったことが想像される。筆者も名護市のまちづくりの理念に引かれて、たびたび名護市を訪れたものである。(8) 名護市を中心とする山原地域の村落は、重村が言うように、その自然環境は水系を中心に集落が形成されている。そして山・川・原・海が理想的に揃う完結された空間である。自治公民館を中心に部落自治が行われ、部落全員が会員になっている共同売店は村の経済行為や自治の拠点になっている。(9) 共同売店の利潤は会員に還元され、生徒の育英資金にもなった。また独自に水の施設（簡易水道）をも運営していたが、復帰後にダムが建設されると、水脈が枯れその運営が不可能になった。

山原地域における土地利用形態については、同時期にやはり「象」グループによって策定された「今帰仁村土地利用計画」に山原型土地利用として描かれているので、ここでも紹介しておきたい（**図1**）。また「今帰仁村基本構想」には、字公民館を中心とする周辺整備計画が描かれている（図2）。同図は伝統的な共同体をさらに発展させた将来構想図である。村の広場を中心に公民館、共同売店、共同炊事場、共同出荷場、保育園が建設され、村の自治の中心になっている。

ここでは自治活動の内容を述べるいとまはないが、これらの相互扶助的自治の形態は、伊藤野枝の「無政府の事実」（『伊藤野枝全集　下』）を彷彿させるものがある。伊藤は自らの生まれ育った福岡の松原という村の相互扶助的営みを、無政府の事実として描いている。私見をいえば、無政府というよりここでは村落自治と置き換えたほうがわかりやすいのかもしれない。このような村落共同体、あるいは自治は、ある時代には世界の各地で見ることができた。マルクスのノート「古代社会」[10]における原古的共同体がそうだといえるし、クロポトキンの「相互扶助論」[11]にもみることができる。沖縄では佐喜真興英の「シマの話」[12]に詳しい。

このように、沖縄の地域社会には、都会ではすでに失われた相互扶助的・共同体および自治が今も存在している。共同体の存在や有り様については賛否の意見があるが、しかし地域で生きる人びとが生きる知恵としてあみだした共同体から学び、それを発展させていくことはできないだろうかということが、名護市基本構想のベースを流れている考え方である。

豊かさの指標としての自然のストック　村の暮らしの豊かさを支えるのは海や山の恵みである。村落共同体の自律的営みの基礎に不可欠なのが豊かな自然の存在であることは言うまでもない。

沖縄のGNPが日本最下位にあっても比較的快適に暮らしていると感じている人が多いのは、日々の暮らしの糧を貨幣による経済のみではなく、自然の恵み（採集）によることが可能であることや、相互扶助の人間関係によるところが多い。しかし、それも今は昔の話になりつつある。

さて、自然のストックの豊かさとは、生活の糧を引き出すことのできる豊かな自然を意味する。多辺田政弘は『コモンズの経済学』（一九九〇年）の中で、そのことに言及している。[13]

「経済学は、地域住民にフロー（財とサービス）を永続性をもって供給する源泉であるストック（地域資源＝土地とそれに結合した自然の力と労働を含む社会関係）を共同体から切り離すことに手を貸してきた。《現在》あるいは《近い将来》のフローを最大限に短期的に引き出すためには、ストックとしての地域資源の管理を、自制力をもつ共同体から《私》と《公》の領域に奪い取ることが必要だったのである。その《私》による短期的・効率的利用や国家大の計画的利用による《資源の最適配分》は、地域の自治的管理のなかでは《希少性》をもたらすことのなかった地域資源を、完全利用することによってことごとく《希少資源》と化してしまったのである。地球規模での自然破壊はこうしてもたらされたのである」。

身近な例ではヘリポート基地建設で問題になっている辺野古がある。同地域は入江に面し、もともと海と山と畑の仕事を生業としてきた。山では薪や木の実を採り、海では貝や海藻や魚がいくらでも採れた。だから海が豊かであるかぎり、飢えることはまずなかった、というような話を地元のお年寄りから聞くことができた。だが、基地が建設されることにより同地域の自律的生活は崩壊した。

(2)逆格差論を阻むもの

では、今の辺野古の現実はどうだろうか。戦後、部落の山の入会地のほとんどが米軍基地として接収され、旧暦三月三日の浜下りに女たちが競って貝を採った浜もその大半が基地となり、有刺鉄線によって分断されている。海には基地の中から「黒い水」が流れ、貝もめっきり減ってしまったという。

また、入江に沿う丘の上には、三つの集落にまたがる県内でももっとも大きなゴルフ場が建設されている。ゴルフ場となった山は部落の入会地で暮らしと深く係わっていた場所であったし、下方の浜は歌にも詠まれた美しい浜であったが、リゾート開発によってすっかり元の形を失ってしまった。

このように、戦後の基地建設や復帰後の海洋博などにみられる公共事業、リゾート開発などによって大きな環境破壊をまねく結果となった。本来ならば公共投資は(フロー)の結果、社会資本が蓄積（ストック）され、人びとの生活や環境が豊かになるはずであるが、しかし、現実には今日の公共投資は自然のストック（自然の豊かさ）を破壊する結果となっている。

宮本憲一は「公共事業関係費という名称で国の予算の項目が作られたのは、一九四六年度予算からである。公共事業は国の一般会計だけで行われているのではなく、国の特別会計、地方財政さらに財政投融資によっても行われている。そこで広い意味での公共事業は、これらを総括しなければならない。国際的には政府固定資本形成あるいは一般政府資本形成として比較するが、九三年度でみると、日本は国内総支出の六・七％で、アメリカの一・八％、イギリスの二・一％、ドイツの二・三％と比べて群をぬいて大きい」と述べている。(14)

おわりに

ここでは述べることができなかったが、戦後の軍事基地建設が経済政策によって維持されてきたことは周知のことで、復帰後はそれが振興開発計画となって姿をかえた。基地建設と引き換えの経済振興策というのは、まさに政府のアメ政策の極致である。逆格差論でいう真に豊かな暮らしがそのような政策のもとで実現することが不可能であるということは、くりかえし述べている通りである。しかしながら名護市においては市民運動として再び豊かさとは何かという原点に立ち返った議論もなされるようになった。「内側からの地域づくりフォーラムin・NAGO」（一九九七年十二月）もその一つである。理念として提起された逆格差論が具体化され実践されるということが、即沖縄の自立への道であるともいえる。

注

（1）（株）沖縄計画研究所『本県経済における公共投資の効果分析報告書』（沖縄県企画開発部、平成六年三月）。
（2）来間泰男「沖縄海洋博にゆれた一寒村・本部町石川地区」。
（3）安里英子『揺れる聖域』（沖縄タイムス社、一九九一年）。
（4）沖縄の文化と自然を守る十人委員会『沖縄喪失の危機』（沖縄タイムス社）。宮本憲一『開発と自治の展望・沖縄』（筑摩書房、一九七九年）。
（5）CTS阻止闘争を拡げる会『琉球弧の住民運動』（三一書房、一九八一年）。
（6）玉野井芳郎『科学文明の負荷』（論創社、一九八五年）。
（7）イバン・イリイチ、尾崎浩訳『オルターナティヴズ――制度変革の提唱』（新評論、一九八五年）。
（8）安里英子『地域の目』（地域の目舎、一九七七年）。
（9）安里英子「シマ共同体からの出発」（『思想の科学』一九七九年）。
（10）マルクス「古代社会」（『マルクス・エンゲルス全集』大月書店、一九七七年）。
（11）クロポトキン「相互扶助論」（『クロポトキン』三一書房、一九七八年）。
（12）佐喜真興英「シマの話」（『佐喜真興英全集』新泉社、一九八二年）。
（13）多辺田政弘『コモンズの経済学』（学陽書房、一九九〇年）。
（14）宮本憲一「総合社会影響事前評価制度の樹立を」（『環境を破壊する公共事業』緑風出版、一九九七年）。

ウヤガン祭り　宮古島狩俣、1974 年
（撮影・比嘉康雄）

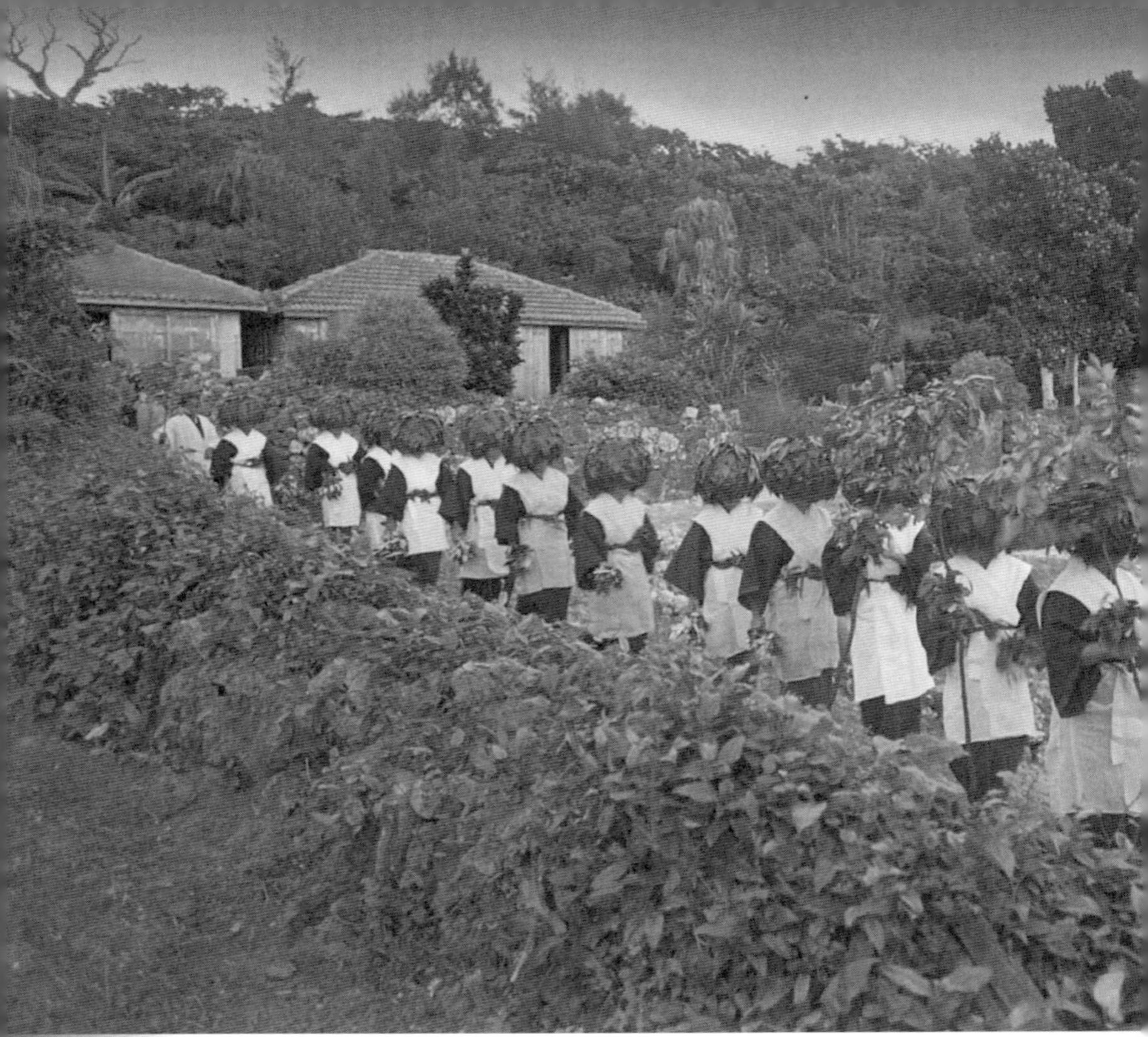

エピローグ

琉球の小宇宙を巡る旅——インタビューに答えて

沖縄を再発見する

高校生のころ、「沖縄とは何なのだろうか」という、非常に抽象的な、大きな問いかけがありました。でもそれは、アリ地獄に入っていくようなものなのです。ますます自分がわからなくなっていく。米軍の支配下にあった当時は、いつも自らのアイデンティティについて悩んでいました。そのようなことが原点にあって復帰後まもなくして、具体的な暮らしの場である地域めぐりをしようと思ったのです。当時、ユニークな街づくり構想を作成していた名護市を訪ねたり、本島北部の「奥」集落の共同店を訪ねたのもその頃です。それで一人でミニコミ誌『地域の目』を発行しました。

「地域の再発見」とは使い古された言葉ですけれども、もう一度自分の目で沖縄を見ていく。沖縄に生れていても、どこまで沖縄を知っているかという問いかけがありました。私は首里の生まれで、自分の生まれ育ったその周りしか知らないので、もう一度よく見てみたいという意味で、沖縄のなかを旅したのです。

共同体というと、その言葉自体が非常に誤解されたり、問題になる言葉です。でも、私のいう共同体は、人々の暮らしている現場、その空間のことなのです。そして、人と自然が織り成す小宇宙という意味での村落共同体です。ですから、そこは人が生きている場所なのです。時間が途切れることなく、人が棲みついて以来、時間が停止することなく、脈々と続いてきた場所なのです。ですから、そこは常に動いている。常に新しく新陳代謝をして、循環している場所です。少し遅れているように見えても、それは時間がゆっくり流れているだけであって、そこだって生き続けている。

リゾート開発もそうですが、こうした時間のゆっくりながれている場所に、入り込んできて、いろんな開発をするでしょう。そのときに、ゆっくりした時間に生きている人たちは、外側をどう見るか。あるいは、時間の早く進んでいる側が、その場所をどう見るか。その視点には違いが出てくると思うのです。その点を、私自身がどう捉えるのか。

「後進性」という言葉があります。日本の場合は、西洋に対して明治以降、近代化を遂げようとしてきました。沖縄の場合は、日本に対して近代化しようと励んできました。特に沖縄にいると、「沖縄は後れている」とか「後進性」とか、「日本の植民地」であるとか、マイノリティであるとか、あるいは中国に対してはどうであるとか、さまざまな言葉が聞こえてきます。高校生になって意識し始めたとたんに、そういう言葉が溢れていて、私もそのことで悩んできました。「いったい沖縄にいる私とは何なのか」と考えてきたわけです。

「後進性」とはいったい何なのか、何を基準に、どの国を基準にそう呼ぶのか。「後進性」という言葉が正当な日本語なんだろうかということを、私は疑っているのです。それはいつ、日本語になったのだろうか。そういうことを、私は振り返って確認してみたいと思ってきたのです。

しかし、それは沖縄のなかでもいえることです。私は首里の生まれですが、首里はたぶん、沖縄のなかでいちばん最初に近代化した町だと思います。首里王府のあったところですから、「江戸上り」をして、逆にいうと日本にいちばん最初に影響を受け、ヤマト化されたところでもあると言えます。

そういうところに育った私というものがあるのです。そうすると、逆に首里以外の場所というものが、もっと新鮮に見えます。だから、私が「沖縄の可能性」といったときに、首里にはすでになくなってしまった沖縄的なものが、島々を回り地域回りをすると古層から現代に至るまでの暮らしや文化がつながって非常によく見えることがあったのです。

ただ、沖縄のなかにもピラミッドの構造がありましたから、私が首里生まれであるということで、他の人たちから「お前は首里の生まれで、かつての権力者じゃないか」と言われたりした。しかも、その私が『地域の目』を作っているということで揶揄されたことがあった。つまり、沖縄のなかでもそんな構造があるのです。ですから私は、首里から見る沖縄「本島」全体、そして「離島」から見る沖縄本島、本島から見る沖縄の島々といったように、それぞれの文化の違い、視点の違いを意識するようになりました。琉球の中山王府が奄美を支配するようになったのは一二六六年、八重山は一三九〇年です。いずれも首里の統一王朝ができる前ですが、奄美の方が早いのです。しかしながら今は奄美は鹿児島県になっている。それで、奄美は沖縄にかえるべきだという言い方もありますが、しかし奄美の人たちにいわせると、奄美には「アーマン世」というのがあった。それを琉球が侵略したんだと……。

沖縄のなかだけでもこんなに多様で、複雑なものがあるのです。ですから、日本の近代化や現代社会も、相互にそうした関係を持っていますね。世界に対しても、文明化と同時に失われていくものと、「後進的」なものが文明化するものに向けるまなざしがある。私たちはつねに、そうした相互のまなざしが入り混じったところにあって、どうやってお互いがそれを克服していくのかは、古くて新しい課題としていまもあると思います。

沖縄の共同体は開発で揺れて破壊されてきた。あるいは基地建設でも破壊されてきたのですが、破壊されつつもかろうじて生き残ってきた。もしかしたら生き残っていないのかもしれないけれども、生き残っているという視点で私がむりやり見ているのかもしれない沖縄の島々の村落共同体がある。私が「沖縄の可能性」として求めているのはそれなのです。

単なる過去形を賛美したりするのではなく、つねに揺れ続けている暮らしの現場が、どういう方向で今後生き続けられるのか。あるいはどのようであるべきなのか。そこで私たちは、どのようなかたちで生きていくのか。

村落《ムラ》を旅する

人々が生活している村落共同体を、私は小宇宙と呼んでいるのです。しかも、それが沖縄のなかにはたくさんある。だから、旅とはその小宇宙を巡る作業です。でも、ぜんぶは巡れないので、市町村のいくつかの小宇宙を巡る旅を続けました。たとえば、今、私が住んでいるこの佐敷町にはそれぞれの字（村落）に祖霊神を祀った御嶽があって、御嶽だけではなく、火の神様や水の神様などいろいろあるのです。ですから、私の興味の範囲で巡って行ったのですが、あとは考古学的な遺跡も訪ねていきました。沖縄の貝塚遺跡や、本土でいう弥生遺跡も含めて、あるいは一万八千年前の新人遺跡や数万年前の遺跡などもふくめて私たちのルーツを求め、人々の暮らしの足跡をたどっていく。そういう旅を続けたのです。この旅が六年半続いたんです。それは沖縄タイムス社から出ている週刊の『住宅新聞』に連載して三二〇回続けたんです。

これは沖縄本島と本島周辺の離島でいちおう第一期とくくって終わりました。沖縄本島と無人島を含めて、周辺離島はほぼすべて巡ったことになります。

これは私にとって、非常に重要な旅になりました。御嶽は「外なる宇宙」であって、そこに私は訪ねていくわけですけれども、ではこの御嶽というのは永遠にあるのだろうか、ということです。いまの開発状況や人びとのライフスタイルの変化など、いろいろなことを考えると、いつまでもそこが同じようにあるとは思えない。

そして私自身、村落共同体のおじいちゃんやおばあちゃんのような感覚で線香をあげ、同じ言葉で祈ることはできないんです。私はやはり半分は取材者という目で、できるだけそうではない巡礼者にも近づけながらという、そういう位置で取材者になったり巡礼者になったり……。

そのときふと思ったのは、かたちというものは不変ではなく、変わっていく。だから祭が消えたとか、御嶽が消えていったとしても、長い目でみれば騒いだり右往左往することはないだろう。「悟り」というと少し変ですけれども、私はそう思ったんですね。もしもそれらがなくなったら生きられないのか、と考えたときに、では御嶽がなくなれば、沖縄の精神世界はすべてなくなる

知念森グスク（著者撮影）

のか。そのとき沖縄はどう変わっていくのか。

そう考えたときに、ふと思ったんです。御嶽というのは私のなかにもあるんだ、と。小宇宙には、私の外側にある宇宙と、自分の肉体のなかに宿している内なる宇宙とがある。私には「内なる御嶽」というものがあるはずだ。ところが人間は生れ落ちると、社会的な存在になったときに、意識が内側よりも外側に向かっていくので、自分の内側が見えなくなっていく。だからそういう意味で、現代人は自分の内面世界というものが、ほとんど見えなくなっていっている。

祭は本来何のためにあるのかというと、自分の内側を見るための一つの作業ですね。だから祭をしている間、女たちには、自らの小宇宙と外側の宇宙とが合体している瞬間がある。そのときに初めて、自分の肉体の内側に宿しているものと対話できるし、それは一度あの世に行った死者との対話の時間でもある。それから、人類が生れ落ちたその瞬間の時代を辿っているときでもあるんですね。そういうものとして、私は祭があるんだと思っています。

いま沖縄では、現にまだ祭が存在しているのだし、それがある間、人間のなかではつねに内側と外側の宇宙が合体していますから、内なる世界、精神世界をつねに豊かに持っているし、見ることができているわけですね。それではそれを持つことができていない現代人はどうするのか、という問題は残るわけですけれども、私自身、すでに祭の外側にいて、ある意味では近代化された社会や暮らしのなかで育ってきた人間なので、だからこそ、身体に埋めこまれている深層世界をたどっていく作業を始めたわけです。

私の取材と巡礼の位置づけは、そのためにあるのです。それは、自分の内側を見る旅であるとも思っています。いわば、自分の御嶽を見る作業であると思い至ったんです。

御嶽とは何か

それでは、御嶽とは何か。私は二つのことを思いました。一つは、御嶽というのは祖霊神がおられる場所です。沖縄では人は死んだら神になるという考え方があります。ですから親のまたその親たちが神になります。これが祖霊神です。そういう意味では等身大の神様であるわけです。そしてもう一つに、自然神の神ですね。木の神や水の神、火の神、風の神というように、沖縄にはそこらじゅうに神がいるわけです。

御嶽の世界はある意味で、集落のなかの象徴であり権威化でもあるのです。一つの場所での、祭という形式化、共同体のなかでの秩序化なのです。それは最終的には首里王府までつながるという性格を持っています。権力の拡大化にもつながり、また共同体をまとめる役割を持っている。それが御嶽です。

それからもう一つですが、自然神には序列化がないと思っています。あまり秩序を好まない、アナーキーな世界です。いろんなものが横並びで、飛んだりはねたりする自然神の世界ですね。それに対して、人間の秩序化を目指す御嶽の世界があり、この二つがバランスを取っている。ただ、だんだんと秩序化される力が強まってきたということはいえると思います。それが首里王府という権力に行き着いた世界で、だから御嶽の世界がすべていいというふうに見るのではなく、事実として私が見てきた感じ方としては、この二つの神の世界があるということなのです。

祈りとしての普遍性

事実、そういう世界があるわけですけれども、この沖縄で育まれた御嶽の世界や小宇宙は、やはり沖縄の土地に根ざした小宇宙ですから、それが今後どうなるか。ある時期、私は御嶽が絶対的なものだと思っていたんです。沖縄の御嶽がないと、人類は救われないと思っていたわけです。人類を救うのは、沖縄の御嶽である、と。私は沖縄の御嶽しか知らないので、沖縄とは何かということには、私にとってはすべての人間、人類まで背負い込むところがあるでしょう。ですから、御嶽を知ることが、沖縄を救うことであり人類を救うことである。そうした大それた命題を打ち立てたわけです。

でも、内なる御嶽ということをふと感じたときに、ちょっと待てよ、と。御嶽というのは、沖縄の言葉として表現されたものなんだけれども、これは普遍的なものだということを、やはり感じたんです。つまり、私という人間のなかに御嶽があるというからには、沖縄の人間だけではなくて、ヤマトの人間にもあるはずだし、他所の国の人たちのなかにも御嶽があるはずだ、と。そう思うようになってから、沖縄の御嶽ではないと人類を救えないというのは一つの思い上がりに通じる、と思い始めたのです。

人間はつねに、この先を生きるということを考える存在です。ある時代に、つねにそうだったと思います。そのときに、何によって人間が生かされていくのか。私は御嶽という表現で言いますけれども、やはり内なる御嶽というのは、見失った内なる世界を見るということ。私はたまま沖縄の人間で、沖縄には御嶽が残っていたからそれを鏡にして自分を相対化することができた。インドの人なら、たとえばヒンドゥーの世界を通して、永遠の時間を見ているんだと思います。

では、伝統的な共同体が失われた都会ではどうなのでしょうか。それにかわる新しい思想や価値が未だ生れていない状態では。だから内なる御嶽精神とは、非常に文明化されたところで、人間がある崖っぷちに立たされ、もはや生きられない極限状況になったとき、初めて見えるものなのではないか。それは生半可なことではなくて、生きられない状況というぐらいの文明化の時代、まさに現代であるように思います。そのとき、人間が考える精神的な作業があると思うんですね。私はそれを信じているんです。私が御嶽の巡礼をして、たどり着いたのはそのことなんです。

先ほどふれた、十代の頃に考えた文学か政治かという問題は、極端に言えば死ぬか生きるかという選択でもあったのです。私が少女の頃は、死へ向かう文学というのに近かった。そうした文学は放棄しましたけれども、私のなかには、つねに文学への渇望があるんです。つまり、人間存在というものを表現しようとするときに、どうしても文学というかたちをとらざるを得ないことがあると思うんですね。評論やルポだけでは表現できないものがある。

いままで私は評論やルポを書いてきましたけれども、私自身のなかに闇の部分がたくさんあって、それをほとんど表現してこなかったし、書いてこなかった。それをどう表現するかという課題があります。内なる御嶽ということもそうですが、巡礼をしてきたいまの時点での到達点があるのに、こんどはもう一度、自分のなかの闇の世界を振り返ったとき、何も表現されていなくて、一からそれをやり始めなければならない。それが私のなかでどういうかたちになるのかまだわかりません。

「沖縄とは何か」というのは非常に抽象的な問いかけなので、やはり具体的な現場から考えるしかない、と「地域の目」を作ったんです。やはり、生きている現場というのは明るいものだと思います。生きるということから出発していて、その知恵のいっぱい詰まっている場所だし、共同体の知恵というのはそれだと思います。だから、それは固定化された状態ではなく、時間と共に再生され、発展している。

地域にとってはそれで十分なのに、ただ他所の方が速く進んでしまうと、そちらの方が情報は速いし、進歩した方は侵略的ですから、共同体を潰しにかかるわけでしょう。でも、いまはそんな文明化された地域が行き詰っている。今年の一月にインドに行きましたが、文化の深さとエネルギーを感じました。イギリスはかつてインドを支配していたわけですが今、インド人作家による小説がイギリスでベストセラーになっているときききました。エキゾチシズムということもあるでしょうが、それはインドのもっているパワーのような気もします。いろんな社会があるからこそ、人類は破滅せずに生きのびることができるのではないでしょうか。

共同体とか伝統を守るというときに、保守的といわれることがあるんです。伝統についてはいろんな議論があるし、伝統を壊すことから新しいものが始まるわけですけれども、「後進」の国や地域は、つねに侵略者によって伝統を奪われる存在なんですね。沖縄の場合も、基地建設やいろんな開発によって、伝統を破壊される。ですから、ある地域や国にとって、伝統を守ることは闘いであるわけです。

意識してそうしているわけではないけれども、沖縄で私が可能性としての伝統ということを考えるとき、やはり伝統を語ることが、一つの闘いでもあるのだと思います。

お金で基地を売り渡しているといわれたりもしますが、それも非常に短絡的な言い方だと思っています。なぜなら、そこまで状況設定をしていく過程があるわけですから。いきなりそうなるんではなくて、政治に仕組まれたり準備されてきたりする状況があるでしょう。だから、そんな単純なものではないのです。

むしろ、揺れ動いてものを言わない、黙っている人たちが、もしかしたらいちばんつらい思いをしてきたかもしれません。声を上げられるのは一部の人たちですから。

可能性としての伝統

久高島の土地憲章

「久高島土地憲章」は、土地総有制を現代に実現しているものです。一つの小さな島の事例なので、案外知られていないないし問題にもされていないのですが、かたちとしては大変重要なものを秘めていると思うのです。久高島というと、すぐ神々の島として語られてしまうし、一二年に一度おこなわれたイザイホーとか、年に何十回も神行事のある島としてしか知られない。でも、人が生きるいとなみのある島としてもう一度見直し、そういう関係で島と向き合ったときに、私は「久高島土地憲章」に出会ったのです。沖縄で土地の私有化が認められるのは一九〇三(明治三十六)年以降です。でも久高島では、土地の私有化はおこなわれず、「総有」という形を今日までとりつづけてきました。土地憲章はさらにそれを明文化し、現代法の中でもそれが生かされるように理論化したものです。

非常に相反することなんですけれども、久高島では、たくさんの人々が島から出て行って過疎化し、イザイホーの祭ができなくなるということが一方で起きる。でもこんどは、人々が出ていった結果、外の世界を学ぶわけですね。専門知識も得てくるし、そして法律の専門家も生まれたわけですね。

土地憲章にはそういう知恵、つまり内側と外側の知恵が結晶しているんです。そういう意味では、現代社会の空間の構成の仕方が変わってきていると思うのです。非常に空間的な広がりを持っていて、そこに住んでいる人たちと島を出た人たちとの交感があり、その知恵によって、いまの土地憲章が編み出されていった。つまり、島の人たちは島の人たちで、自分たちの島をどうしていったらいいのか、いまどう生きていったらいいのかをつねに考えている。経済問題にも毎日向き合っているわけです。島はサンゴ石灰岩から成りほとんどが砂土で表土も浅い。したがって農業の生産性は低く、自給のためのものです。かつて男たちは海人(ウミンチュ)として漁に出て、ほとんど島にはいなかった。島を守っていたのは女たちでした。

特別な産業のない島で過疎化は進み、島の経済問題はとても深刻です。しかし、そういう中でも「土地憲章」をつくり、土地を売りわたさない、ということを確認し合っています。

奥共同店

沖縄の本島北部の「奥」という集落の共同店は、明治期における新しい伝統の創造であって、その時点では一つの革命的な模索だったのです。たとえば、時代はちがいますが都市生協や農業協同組合ができたように、私は奥の共同店を、沖縄の新しい地域づくりの革命だったと思っているんです。かたちとしてはっきりした、農村地域の生きる知恵としての協（共）同組合ができたわけです。

それは、消費と生産を地域でどうやってうまく運営していくのかという組合ですから、非常に近代的なものでもあった。そこでは、ずいぶん試行錯誤も行われているのです。共同店はあくまで村落のなかのもので、ムラの人だけがお金を出し合って作ったわけですが、ときにはそれが産業組合や農協に組み込まれたり、やはりうまくいかなくて共同店に戻っていくプロセスがあります。共同店はその他にも福祉の機能や教育の機能もあった。病人にお見舞金を出したり子どもたちへの育英資金も出している。共同店の運営は自治そのものであるわけです。

そうして何度も試行錯誤し、戦争で一時は消えたり、また再建したりというかたちをとりながら、なお現在まで存続している。それが沖縄の農村地域の共同店なんです。

ところが、やはりこの間、急激なグローバリゼーションの波が押し寄せてきて、私たちが予期しないような世界化の資本の波に沖縄も揺れている。日本では高度成長やバブル経済の隆盛や崩壊が繰り返されるなかで、共同店ももろに波を受けています。

それでもなおかつ、共同店は維持されてきたわけです。私からいわせれば、それは奇跡的に運営されてきたのです。システムとしては明治期の遺産ですから古いものですが、それでもやってきた。もちろん、この時代にそぐわなくなっているということがあります。けれども、いまのグローバリゼーションの時代のなかでもう一度見直されているのは、そういう伝統的なシステムなのです。

いま試みられているローカル・マネーやエコ・マネーは、実は共同店と同じ発想です。地域が自立していくための自らの経済システムです。ですから、私たちはそうした伝統と新しい試みの接点を、どう考えるかだと思います。そのことが、地域で何ができるかにつながってくる。かつての伝統的な知恵があり、たとえそれが近代化された末になくなったとしても、もう一度新しいものを考えるときに、やはり人間というのは、まったく何もないところで奇抜なものを考えるのではなく、回帰し円環しながら前に進んでいくでしょう。

だから私たちは、新しく生まれ変わりながら、根っこにある伝統的な知恵を吸い上げながら、どう生きていくのか。そして具体的には、誰がどういうかたちでそれを現実のものにしていくのかという問題だという気がします。

あとがき

「清々し」、の季節がやってきた。どんなに待ちわびたことか。盛夏には家にこもりきりだった私。蚊の大群も衰え、うれしさのあまり庭の草木とたわむれる。薬草を摘み、おひたしに。自生する長命草は炊き込みご飯にする。ミントはサラダやお茶に。至福のときである。

でも幼いころ、首里の実家には、テントウムシやカマキリなどの昆虫がいくらでもいたのに、海辺の佐敷《さしき》の庭には、昆虫類が少ない。なぜだろう……。かつてサトウキビ畑の広がるこの地域の農薬の害だと思いあたる。

今、周りにはアパートが立ち並び、風景が一変したが、我が家の庭だけは木が生い茂り、草がはびこり、植物の楽園だ。

そんな植物たちに助けられて、一〇年ぶりに本を上梓することができた。一〇年間、書き続けたが、後半は家族を介護する身となった。病室で看病しながらの原稿もある。書くということはそういうものなのかもしれない。

表紙の絵は、これも清々しい。サンゴ礁の青のグラデーションに、リーフに砕ける白い波。島々はこのサンゴ礁の海の恩恵を受け、独特の文化を生み出してきた。だが、陸地に棘のように刺さっているのは米軍基地のフェンスだろうか。私にはそのように見える。水彩画を描いてくれたのは、詩誌『あすら』の仲間である、ローゼル川田さん。ローゼルさんは、建築家であり、詩人でもあり、新聞に風景画とエッセー「琉球風画　今はいにしえ」を連載している多才な方である。

　章ごとの扉の写真は、琉球弧の祭祀の写真を撮り続けた比嘉康雄（一九三八年―二〇〇〇年）さんの写真を提供していただいた。写真集『神々の古層』全一二巻など多数の著書もあり、太陽賞、小泉八雲賞、風土研究賞などを受賞されている。私自身は、比嘉氏の「再生する魂」（梅原猛古希記念論文集『人類の創造』所収）に大きく影響を受けている。祖霊神とその娘たち（神女たち）の再会、あるいは合体の儀礼に、生命の再生物語を見出したのである。ちょうど、遺伝子が親から子、そのまた子へとリレーするように。今回は奥さまの信子さんに快く写真を提供していただいた。お礼を申しあげたい。

　また、久々に聖地巡礼のエッセーの連載を企画してくれた『しまたて』（季刊・建築情報誌）の編集長である砂川敏彦さんにもお礼を申し上げたい。二年ほどの連載で、奄美の喜界島や、八重山諸島の鳩間島なども取材することができた。本書には、それを収めることはできなかったが、介護の合間をぬっての島めぐりは、私に大きな力を蘇らせてくれた。今回は、寒川樋川《すんがーひーじゃー》の写真を提供していただいた。

藤原書店の社主であり、編集長でもある藤原良雄氏とは、八〇年代に玉野井芳郎先生とのご縁で初めて出会った。イバン・イリイチ氏を囲むシンポジウムの場であった。そのときは玉野井先生の薫陶を受け当時大学院生だった、今は亡き屋嘉比収さんもいっしょだったことをなつかしく思いだす。鶴見和子さんなど、超一流の方々の中に入り混じって、東京などあまり出たこともなくただただ圧倒され、今にも泣き出しそうな私をエスコートしてくれたのが、藤原編集長である。実際に編集実務を担って下さった、山﨑優子さん。沖縄と東京の遠距離のやりとりでご苦労をかけたが、比較的短期間で、私自身は楽しくやりとりさせていただいた。お互いにご苦労様でした。

最後に、東アジアからすべてのアジアへ、そして中東、世界へと、争いのない社会をと、祈らずにはいられない。長い長い受難を受け続けているパレスチナの友人たちのために祈らずにはいられない。

二〇一八年十二月の沖縄で

安里英子

初出一覧

＊タイトルは変更した場合がある。ここに記したのは、初出時のタイトルである。

序　書き下ろし

Ⅰ　琉球から世界へ

民族超えた共同体を――国家に縛られぬ自治探る　『沖縄タイムス』二〇一七年一月六日

シマ連合社会における自治の可能性――沖縄にこだわり、沖縄を超える　『情況』二〇一五年十一月

国家を超える暮らしの連合――アジア平和共同体の実現　『「アジア」を考える』二〇一五年六月　藤原書店

朝鮮人軍夫の戦後七〇年――アジアの視点で琉球・沖縄の主体と自治を考える　『「時の眼―沖縄」批評誌　N27』第五号　二〇一五年八月

沖縄の日本「復帰」とヨーロッパの沖縄学　学芸総合誌・季刊『環52号　日-中-米関係を問い直す』二〇一三年冬　藤原書店

『世界の中の柳田国男』――日本民俗研究のダイナミズム　『環55号　今、なぜ富士山か』「書物の時空」二〇一三年秋　藤原書店

II　琉球文化からみたアイヌ民族・台湾原住民文学・朝鮮詩集

序　以降、季刊詩誌『あすら』連載「アイヌ・琉球・台湾原住民文学紀行」1～16　二〇〇九年二月（一五号）～二〇一七年二月（四七号）（順序は入れかえた場合がある）
金田一京助とアイヌ語研究――盛岡・北上川の流れで　同右
二風谷の風　同右
知里真志保の内なるアイヌ研究　同右
偉星北斗と伊波普猷　同右
ジョン・バチラーとバチラー八重子　同右
武田泰淳『森と湖のまつり』について　同右
チカップ美恵子さんのこと　同右
アイヌ語による「アメイジング・グレイス」　同右
池澤夏樹『静かな大地』を読む　同右
海を渡るアイヌ――津島佑子『ジャッカ・ドフニ』より　同右
「パンノキ」とアミの文学　同右
赤子を守護する火の神　同右
台湾ルカイ族にみる生命礼賛とアワ文化――琉球諸島に通じる焼畑と習俗　同右
津島佑子追悼　小説『あまりに野蛮な』をめぐる世界　同右
『朝鮮詩集』と沖縄　週刊『新社会』二〇〇八年に加筆。『陵辱されるいのち』二〇〇八年十一月　御茶の水書房
朝鮮・石垣島のわらべうた　季刊詩誌『あすら』二五号、二〇一一年

尹東柱生誕百年に思う　『琉球新報』二〇一八年一月十一日

Ⅲ　琉球の女性原型

沖縄の女性原型——族母としてのノロと弾圧されるユタ　『山姥たちの物語——女性の原型と語りなおし』二〇〇二年三月　學藝書林

オナリ神信仰と男性中心の発生——沖縄の古層文化と女性　薩摩侵略以降の変容　『現代の「女人禁制」』二〇一一年三月　解放出版社

島尾ミホの聖なる闇　『脈　92号』「特集　島尾敏雄生誕一〇〇年・ミホ没後一〇年」二〇一七年二月

Ⅳ　アジアの原風景

沖縄の原風景　サンゴ礁文化と島々の多様性——神歌にうたわれる精神の原風景　学芸総合誌・季刊『環54号　日本の「原風景」とは何か』二〇一三年夏　藤原書店

世界遺産の功罪と基層文化への回帰　『「時の眼—沖縄」批評誌　N27』第三号　二〇一四年六月

「復帰」後の開発問題　『イモとハダシ——占領と現在』二〇〇九年二月　社会評論社

「沖縄振興開発計画」と住民によるオルターナティブな視点——開発・環境・自立　『平和研究』第二三号　一九九八年十一月　日本平和学会・発行／早稲田大学出版部・発売

エピローグ

内なる御嶽の世界　『図書新聞』二〇〇三年四月十九日に掲載されたインタビューをもとに再構成

著者紹介

安里英子（あさと・えいこ）

1948年、沖縄県那覇市首里生まれ。ライター。1977年、復帰5年目に一人でミニコミ誌『地域の目』を発行。地域の自治・暮らしの問題にかかわる。90年から97年にかけて琉球弧の島々をまわりリゾート開発の実態をルポすると同時に御嶽などの聖地を巡る。

『揺れる聖域』（沖縄タイムス社）で第5回地方出版文化賞次席（1991年）、第2回女性文化賞（1998年）。主著に『琉球弧の精神世界』（1999年）、『凌辱されるいのち』（2008年、以上、御茶の水書房）など。詩集『神々のエクスタシー』（2017年）で第40回山之口貘賞。

現在の主な活動は、朝鮮人強制連行（軍夫）の調査・研究をすすめる「NPO法人・沖縄恨之碑の会」の共同代表をつとめる。

新《あたら》しいアジアの予感《よかん》——琉球《りゅうきゅう》から世界《せかい》へ

2019年1月10日　初版第1刷発行©

著　者　安　里　英　子

発行者　藤　原　良　雄

発行所　株式会社　藤　原　書　店

〒162-0041　東京都新宿区早稲田鶴巻町523

電　話　03（5272）0301

FAX　03（5272）0450

振　替　00160 - 4 - 17013

info@fujiwara-shoten.co.jp

印刷・製本　精文堂印刷

落丁本・乱丁本はお取替えいたします

定価はカバーに表示してあります

Printed in Japan

ISBN978-4-86578-206-6

❼❽ 爛熟する女と男――近世　福田光子編
⑦ 288頁　**2000円**（2000年11月刊）◇978-4-89434-206-4
⑧ 328頁　**2000円**（2000年11月刊）◇978-4-89434-207-1
〔解説エッセイ〕⑦**吉原健一郎**　⑧**山本博文**
身分制度の江戸時代。従来の歴史が見落とした女性の顔を女と男の関係の中に発見。（執筆者）**浅野美和子／白戸満喜子／門玲子／高橋昌彦／寿岳章子／福田光子／中野節子／金津日出美／島津良子／柳美代子／立浪澄子／荻迫喜代子／海保洋子**

❾❿ 鬩《せめ》ぎ合う女と男――近代　奥田暁子編
⑨ 342頁　**2000円**（2000年12月刊）◇978-4-89434-212-5
⑩ 320頁　**2000円**（2000年12月刊）◇978-4-89434-213-2
〔解説エッセイ〕⑨**若桑みどり**　⑩**佐佐木幸綱**
女が束縛された明治期から敗戦まで。だがそこにも、抵抗し自ら生きようとした女の姿がある。（執筆者）**比嘉道子／川崎賢子／能澤壽彦／森崎和江／佐久間りか／松原新一／永井紀代子／ウルリケ・ヴェール／亀山美知子／奥田暁子／奥武則／秋枝蕭子／近藤和子／深江誠子**

⓫⓬⓭ 溶解する女と男・21世紀の時代へ向けて――現代　山下悦子編
⑪ 278頁　**2000円**（2001年1月刊）◇978-4-89434-216-3
⑫ 294頁　**2000円**（2001年1月刊）◇978-4-89434-217-0
⑬ 240頁　**2000円**（2001年1月刊）◇978-4-89434-218-7
〔解説エッセイ〕⑪**宮迫千鶴**　⑫**樋口覚**　⑬**岡部伊都子**
戦後50年の「関係史」。（執筆者）**森岡正博／小林亜子／山下悦子／中村桂子／小玉美意子／平野恭子・池田恵美子／明石福子／島津友美子／高橋公子／中村恭子／宮坂靖子／中野知律／菊地京子／赤塚朋子／河野信子**

〈ハードカバー〉版　女と男の時空　（全六巻・別巻一）

Ａ５上製　各平均600頁　図版各約100点

Ⅰ ヒメとヒコの時代――原始・古代　**河野信子編**　520頁　**6200円**　◇978-4-89434-022-0
Ⅱ おんなとおとこの誕生――古代から中世へ　**伊東聖子・河野信子編**　560頁　**6800円**　◇978-4-89434-038-1
Ⅲ 女と男の乱――中世　**岡野治子編**　544頁　**6800円**　◇978-4-89434-034-3
Ⅳ 爛熟する女と男――近世　**福田光子編**　576頁　**6602円**　◇978-4-89434-026-8
Ⅴ 鬩ぎ合う女と男――近代　**奥田暁子編**　608頁　**6602円**　◇978-4-89434-024-4
Ⅵ 溶解する女と男・21世紀の時代へ向けて――現代　**山下悦子編**　752頁　**8600円**　◇978-4-89434-043-5

女と男の関係からみた初の日本史年表

別巻　**年表・女と男の日本史**　**『女と男の時空』編纂委員会編**
Ａ５上製　448頁　**4800円**（1998年10月刊）◇978-4-89434-111-1
網野善彦氏評「女と男の関係を考える"壮観"な年表」
原始・古代から1998年夏まで、「女と男の関係」に関わる事項を徹底的にピックアップ、重要な事項はコラムと図版により補足説明を加え、日本史における男女関係の変容の総体を明かすことを試みた初の年表。

琉球文化の歴史を問い直す

別冊『環』❻
琉球文化圏とは何か

〈対談〉清《ちゅ》らの思想　海勢頭豊＋岡部伊都子
〈寄稿〉高嶺朝一／来間泰男／宇井純／浦島悦子／安里英子／石垣金星／渡久地明／高江洲義英／松島泰勝／名護博／嘉手納安男／安里進／真久田正／豊見山和行／後田多敦／比嘉道子／又吉盛清／島袋まりあ／前利潔／下地和宏／石垣博孝／上勢頭芳徳／米城惠／比嘉政夫／西岡敏／波照間永吉／具志堅邦子／金城須美子／ルバース吟子／高嶺久枝／前嵩西一馬／多和田真助／川満信一／島袋純／高良勉／屋嘉比収／目取真俊／田仲康博／与那嶺功／米倉外昭／幸喜良秀／仲本瑩／宮城公子／西里喜行／比屋根照夫／伊佐眞一／石川友紀／中根学／真栄平房昭／三木健／宮城信勇／稲福日出夫／宮城晴美／由井晶子／新崎盛暉
〈シンポジウム〉岡部伊都子／川勝平太／松島泰勝／櫻井よしこ／上原美智子／我部政明／仲地博／大城常夫／高良勉

菊大並製　三九二頁　**三六〇〇円**
（二〇〇三年六月刊）
◇978-4-89434-343-6

歴史から自立への道を探る

沖縄 島嶼経済史
（一二世紀から現在まで）

松島泰勝

古琉球時代から現在までの沖縄経済思想史を初めて描きる。沖縄が伝統的に持っていた「内発的発展論」と「海洋ネットワーク思想」の史的検証から、基地依存／援助依存をのりこえて沖縄が展望すべき未来を大胆に提言。

A5上製　四六四頁　**五八〇〇円**
（二〇〇二年四月刊）
◇978-4-89434-281-1

いま、琉球人に訴える！

琉球の「自治」

松島泰勝

軍事基地だけではなく、開発・観光のあり方から問い直さなければ、琉球の平和と繁栄は訪れない。琉球と太平洋の島々を渡り歩いた経験をもつ琉球人の著者が、豊富なデータをもとにそれぞれの島が「自立」しうる道を模索し、世界の島嶼間ネットワークや独立運動をも検証する。琉球の「自治」は可能なのか!?

附録　関連年表・関連地図
四六上製　三五二頁　**二八〇〇円**
（二〇〇六年一〇月刊）
◇978-4-89434-540-9

二一世紀沖縄の将来像！

島嶼沖縄の内発的発展
（経済・社会・文化）

西川潤・松島泰勝・本浜秀彦編

アジア海域世界の要所に位置し、真の豊かさをもつ沖縄。本土依存型の開発を見直し、歴史的、文化的分析や現場の声を通して、一四人の著者がポスト振興開発期の沖縄を展望。内発的発展論をふまえた沖縄論の試み。

A5上製　三九二頁　**五五〇〇円**
（二〇一〇年三月刊）
◇978-4-89434-734-2

琉球の八賢人が語り尽くす！

これからの琉球はどうあるべきか

藤原書店編集部編
（インタヴュー）大田昌秀
（座談会）**安里英子＋安里進＋伊佐眞一＋海勢頭豊＋我部政男＋川満信一＋三木健**

沖縄の賢人たちが、今後の日本と沖縄の関係について徹底討論。従属でもなく独立でもない道を探る。

「日米開戦半年後、アメリカは沖縄の日本からの分離を決めていた！」（大田昌秀）

四六並製　三四四頁　**二八〇〇円**（二〇一六年一月刊）◇978-4-86578-060-4

沖縄から日本をひらくために

真振 MABUI

海勢頭豊
写真＝市毛實

沖縄に踏みとどまり魂（ＭＡＢＵＩ）を生きる姿が、本島や本土の多くの人々に深い感銘を与えてきた伝説のミュージシャン、初の半生の物語。喪われた日本人の心の源流である沖縄の、最も深い精神世界を語り下ろす。

＊ＣＤ付「月桃」「喜瀬武原」

Ｂ５変並製　一七六頁　**二八〇〇円**（二〇〇三年六月刊）◇978-4-89434-344-3

卑弥呼はヤマトの救世主だった！

卑弥呼コード 龍宮神黙示録

海勢頭豊

沖縄の聖域ウタキと日本の聖地との係りから、卑弥呼は沖縄の平和思想を広め、倭国の世直しをした救世主だったことを明かす。平安座島の龍宮神を祀る家に生まれた著者が、島の言葉やしきたりの謎を解いていくドキュメンタリーに、小説「神の子姫子の物語」を織り交ぜ、ヤマトが知らなかった卑弥呼の真実に迫る。

Ａ５並製　三七六頁　**二九〇〇円**（二〇一三年五月刊）◇978-4-89434-916-2

琉球の死生観とは何か？

珊瑚礁の思考〈琉球弧から太平洋へ〉

喜山荘一

奄美・沖縄地方の民俗（風葬、マブイ、ユタなど）が南太平洋の島々や日本本土の民俗と共鳴しながら示す島人の思考とは、珊瑚礁の形成とともに生まれた「あの世」と「この世」が分離しつつ自由に往き来できる死生観だった。文字を持たなかった時代の琉球弧の精神史を辿る！

四六並製　三二〇頁　**三〇〇〇円**（二〇一五年一二月刊）◇978-4-86578-056-7